O Mensageiro Oculto

CIP-BRASIL. CATALOGAÇÃO NA PUBLICAÇÃO
SINDICATO NACIONAL DOS EDITORES DE LIVROS, RJ

R865

O mensageiro oculto / Mary Rufino ; [obra psicografada]. - 1. ed. - Mauá [SP] : Letras do Pensamento, 2023.

200 p. ; 21 cm.

Obra psicografada por espírito não identificado. ISBN 9786589344285

1. Rufino, Mary, 1969- - Obra psicografada.

23-84298 CDD: 133.93
CDU: 82-97:133.9

Gabriela Faray Ferreira Lopes - Bibliotecária - CRB-7/6643

31/05/2023 07/06/2023

MARY RUFINO

O Mensageiro Oculto

1ª EDIÇÃO – 2023 – Mauá - SP

Letrasdo Pensamento

Capa:
@armenioalmeidadesigner

Diagramação e Montagem de Capa:
@armenioalmeidadesigner

Revisão:
Paulo Ribeiro

Editor:
Cláudio P. Freire

1a Edição – 2023 – Mauá – SP

Letrasdo Pensamento

LETRAS DO PENSAMENTO
Rua Eduardo Prado, 28, Casa 1 – Vila Bocaina
CEP 09310-500 – MAUÁ – SP.
Telefone/Fax (11) 3107-6501 – Celular (11) 9-9352-5354
Site: www.letrasdopensamento.com.br
E-mail: vendas@letrasdopensamento.com.br

Impresso no Brasil

Dedicatória

Dedico este livro à casa espírita que me acolheu no momento em que mais precisei. Como grande parte das pessoas, procurei ajuda em uma casa espírita para curar a minha alma das dores que se refletiam no corpo físico, cuja origem os médicos não conseguiriam diagnosticar com precisão.

E foi assim que me tornei espírita como boa parte das pessoas. No princípio foi pela dor, não por amor, então comecei a estudar e passei a compreender tudo o que se passava comigo – um sofrimento que parecia não ter fim. Ver, ouvir e ser tocada por espíritos me amedrontava muito, não conseguia dormir e fui adoecendo e perdendo as forças ao ponto de ficar em cima de uma cama totalmente debilitada. Hoje posso dizer que estou curada graças aos tratamentos espirituais; posso dizer que não vivo mais sem o espiritismo, que me traz força espiritual e aprendizado. Dedico também este livro a cada alma boa que me acolheu naquele difícil momento e a Deus por tudo e todos que me ajudaram.

Desde então me dedico à casa espírita trabalhando e ajudando outras pessoas que, como eu, procuram o espiritismo para alívio de seus sentimentos e entendimento através dos estudos. A casa tem um trabalho edificante junto à sociedade distribuindo cestas básicas a famílias carentes, oferecendo tratamento e estudo gratuito a todos que a procuram, e realizando psicografia, uma vez ao mês, de entes queridos desencarnados aos seus familiares, o que os consola.

Sou grata por fazer parte dos trabalhadores daquela casa santa.

Agradecimentos

Agradeço primeiramente a Deus e à espiritualidade por ter me confiado este trabalho edificante.

Agradeço ao meu filho Douglas, que realizou a digitação, ao meu companheiro Gilmar pelo apoio e a todos os amigos do Evangelho Online Elos De Amor, por apoiar e contribuir; aos amigos trabalhadores da casa espírita que eu frequento pelo apoio, contribuição e carinho.

Gratidão a Vera Barros por ter aceito fazer o prefácio, e por me apresentar ao seu Editor Claudio P. Freire, e toda a equipe da editora, que trabalhou na obra minuciosamente.

Apresentação

Tudo começou em uma reunião mediúnica em que tive meu primeiro contato com este anjo mensageiro oculto; foi quando me disse que eu teria que pesquisar sobre um livro, cujo nome seria *O Mensageiro Oculto*. No começo não entendi, então comecei a pesquisar, mas nada foi encontrado; duas semanas depois recebi outra mensagem: o anjo disse que o livro estava pronto no plano espiritual e logo chegaria à Terra. Disse também que muitos teriam acesso ao conteúdo dos ensinamentos através do mensageiro oculto e que, após o livro ser publicado, um filme também seria lançado, assim muito mais pessoas teriam conhecimento dos ensinamentos de Jesus e da espiritualidade maior. Dado que muitos não têm o hábito de ler, o filme contaria a história de espíritos que viveram por muitas reencarnações antes de Cristo, na Terra e em outras moradas do Pai. Mais uma semana e o mensageiro se aproxima, sinto sua presença ao meu lado, desta vez em minha casa, quando ouço uma voz ao pé do ouvido que dizia "nós vamos escrever o livro *O Mensageiro Oculto*". Quando ouvi isso, mais que depressa respondi em voz alta "como assim nós? Eu não tenho condição, não sei fazer isso!" E mais uma vez ouço "nós vamos escrever *O Mensageiro Oculto*, se prepare". Orei a Deus para que me ajudasse. No dia seguinte comecei a escrever durante o dia, e nas madrugadas ele me acordava para prosseguir; mesmo assim, eu tentava continuar dormindo, mas não conseguia pegar no sono, tinha que levantar e virava madrugadas escrevendo até o amanhecer do dia. E assim foi até terminar o livro. Sempre antes de começar a escrever buscava fazer uma oração. O anjo estava sempre presente. Gratidão a Deus por esse trabalho bem-sucedido que me foi confiado.

Gratidão,

Mary Rufino

Prefácio

Que honra a minha ter sido escolhida para fazer o prefácio d'*O Mensageiro Oculto*. Mary Rufino, através de seus personagens Lucy, Jackson, Rodolfo, Julian etc., apresenta-nos situações do nosso cotidiano, com pessoas tanto do bem quanto do mal. Nada acontece sem que Deus esteja atento, as pessoas que fazem o mal estão plantando um péssimo futuro, não precisamos desejar nada de ruim a ninguém. As colheitas são em abundância e, quando é chegada a hora, a conta chega, nada fica para depois. Acertos são feitos e cada um é responsável pelas próprias escolhas.

As atitudes são absolutamente importantes: plantar o bem ou andar ao lado das trevas. Mary, através de *O Mensageiro Oculto*, cria cultura, nos traz ambientes desconhecidos que são relatados com precisão; ao lermos, experimentamos outros ambientes e somos levados a outras dimensões, o que muito me deixou impactada. Quando Mary diz que foi evocada a escrever este livro por um Anjo, ela relata a sua humildade, dizendo que se sentia incapaz de escrever um livro em sua vida. Faltava-lhe conhecimento para esta missão de grande magnitude, pois reconhecia a grandiosidade de escrever sobre o tema, e aceitar o desafio permitiu o transbordar desta energia. Ela acata e se coloca à disposição do amor, mediante as lições que passa no livro *O Mensageiro Oculto*. Que possamos ter mais obras psicografadas por nossa autora, e que nosso belíssimo livro torne-se um filme, peça de teatro e/ou uma série. É importantíssimo que a humanidade tenha acesso a esta história de amor e perdão.

Parabéns, querida amiga Mary Rufino, pois, ao aceitar o desafio, você demonstra fé no desconhecido, ousadia ao relatar a sua verdade e, mesmo sem habilidade, se dispõe a escrevê-lo. Demonstra assim que, quando Deus quer, até mudos falam, cegos enxergam, coxos andam. Ele sabe de todas as coisas e nos coloca à prova: capacitou a autora para nos entregar uma deliciosa obra que faz com que, com facilidade, a compreensão e o aprendizado sejam plantados em nossos corações, colocando as coisas em seus devidos lugares. O bem é o bem e o mal é o mal, nada fica impune e a conta chega. Por isso, vigiai e orai, buscai o Senhor enquanto há tempo, quem de fato ama o bem segue os ensinamentos de Jesus.

Gratidão, Mary Rufino, mais uma vez, por me escolher para ler em primeira mão o seu livro, e ainda ter a alegria de deixar aqui o que vi e senti ao me conectar com ele. Que *O Mensageiro Oculto* apareça muito e ande pelo mundo inteiro, compartilhando assim esses maravilhosos ensinamentos do Amor de Deus. Esse sim tem que ser espalhado por toda a terra onde tiver um ser vivente.

Vera Barros

Sinto-me carinhosamente feliz,
O perfume das flores afaga a minha alma,
A oportunidade transforma o ser,
O ser transforma a alma,
A alma transforma o espírito,
Basta querer, se dedicar e se elevar.

I

Lucy, uma moça determinada e ambiciosa, só pensava em subir na vida passando por cima de tudo e de todos. Nada importava a Lucy a não ser ela mesma. Todos os dias, ao se levantar, tomava seu banho, arrumava seus cabelos longos e bonitos, cuidava de suas vestes e saía como uma princesa. Ela tomava café na padaria da esquina de sua casa todas as manhãs.

William, um jovem moço, adorava servi-la, pois a achava a mais bela das mulheres da vila, mas Lucy mal dava atenção ao pobre moço; tomava seu café e logo saía rumo à empresa na qual trabalhava havia muitos anos como chefe de administração. Todos os seus subordinados tinham muito receio dela, por sua petulância conjugada à sua ambição.

Numa certa manhã, Lucy mandou chamar o líder da produção, Jackson, que era chefe de uma equipe. Ao receber o recado, muito apreensivo, ele pegou o elevador e subiu até a sala de Lucy. Ao entrar na sala, Jackson exclamou:

— Bom dia, senhorita Lucy!

A mulher respondeu:

— Bom dia, pode se sentar, por favor!

Jackson, um pouco apreensivo, pensou: *Afinal, o que fiz para que ela me chamasse logo pela manhã?*

Naquele mesmo dia, Lucy, bem cedo, havia chegado à empresa e logo sido convocada a uma pequena reunião, junto ao diretor e alguns sócios; fora informada de que havia ocorrido um desfalque na empresa, na área de produção sob responsabilidade da sua equipe. Lucy já sabia do que se tratava, mas demonstrou espanto e surpresa.

— Mas como? — exclamou. — Se eu mesma faço a revisão junto aos funcionários do que sai e do que entra nesta empresa... Como isso pode ter acontecido? É impossível. A não ser que...

Jorge Fernandes, o diretor da empresa, olhou para os sócios e disse:

— Sou diretor desde a fundação desta empresa, e nunca houve um desfalque tão grande como este, Lucy. O que tem a dizer sobre isso?

Lucy, encurralada, disfarçou e se lembrou de que na semana passada, ao sair da empresa, notara que Jackson ainda estava no depósito. Perguntara então a ele:

— O que faz a essa hora no depósito? Já não tinha que estar em sua casa?

— Sim, senhorita Lucy, me desculpe, é que houve um atraso para a entrega de amanhã, temos que entregar bem cedo. É preciso que esteja no Rio de Janeiro até o meio-dia. Não podemos atrasar, pois o senhor Jorge Fernandes não admite atrasos.

— Ok, senhor Jackson, faça seu trabalho. Já vou. Tenha um boa noite.

— Boa noite, senhorita, até amanhã. Não se preocupe, eu cuidarei de tudo.

Lucy pegara seu carro e fora embora. Na ida para casa havia pensado: *Que bom, se algo der errado tenho um álibi, o senhor Jackson trabalhando até mais tarde*. Pois, naquele mesmo dia, Lucy havia desviado um terço dos produtos que chegaram à empresa. Se o desvio viesse à tona, seria fácil incriminar Jackson. Já havia um bom tempo que Lucy vinha fazendo retiradas, mas ninguém havia percebido. Daquela vez, o desfalque fora bem maior. Lucy não se continha em sua ambição de subir na vida acima de tudo e de todos.

O pobre Jackson, na sala de Lucy, mal sabia o problema que teria que enfrentar diante de tal situação: admitir ter feito algo que não fizera. Era isso ou a demissão. Lucy, então, começou a interrogá-lo.

— Senhor Jackson, o que fez naquela noite em que ficou na empresa até mais tarde? Naquele mesmo dia houve um grande desfalque, um terço dos produtos evaporou. O que tem a me dizer?

Jackson, assustado, disse:

— Mas como? Se a senhorita mesma faz a conferência, desde o primeiro dia em que trabalho aqui? Só a senhorita confere todas as cargas.

— Sim, senhor Jackson, por isso estou perguntando.

Jackson, muito nervoso, com a voz trêmula e com toda a educação, disse:

— Senhorita, há cinco anos trabalho nesta empresa e nunca fui tão injustiçado. Sou um homem honesto e jamais peguei nada de ninguém. Desculpe-me, não sei o que está acontecendo.

— Tudo bem, senhor Jackson, por hoje é só, amanhã continuaremos esta conversa. Enquanto isso, vá pensando onde foi que errou. Espero que tenha uma boa desculpa e resolva este problema de uma vez ou vou ter que demiti-lo!

— Mas, senhorita!

— Passar bem, senhor Jackson, pode retornar ao trabalho.

Jackson pediu licença e saiu da sala cabisbaixo e totalmente desorientado. Voltou para o seu setor, sem saber o que estava acontecendo e como resolver tamanho absurdo, já que era totalmente honesto. Pensou: *Meu Deus, o que fazer? Preciso deste emprego.*

Lucy, por outro lado, mais aliviada, definiu em sua cabeça que já havia em quem colocar a culpa; dirigiu-se, então, à sala do senhor diretor Jorge Fernandes e disse:

— Com licença, teria um minuto, senhor?

— Pois não, Lucy?

— Já falei com o Jackson, e ordenei que resolvesse o problema, caso contrário irei demiti-lo.

— A senhorita está afirmando que foi Jackson o culpado do desfalque na empresa?

— Desconfio que sim! Na semana passada ele trabalhou até mais tarde, com alguns funcionários da sua equipe. Revisei os pedidos e os produtos que estão faltando foram os mesmos que chegaram naquele dia.

— E qual foi a explicação dele?

— Jackson disse que havia trabalhado até tarde para não atrasar a entrega, mas não tenho dúvidas. Só ele e eu temos acesso às cargas que chegam ao depósito.

Jorge Fernandes parou, pensou e disse:

— Não pode ser algum dos funcionários que estavam com ele naquele dia?

— Até poderia, talvez, mas não importa, Jackson é o responsável e não há como fazer algo desta dimensão sem passar por ele.

Jorge Fernandes voltou a pensar e disse:

— Se tem tanta certeza, por que ainda não o demitiu?

Lucy pensou rapidamente: *Como vou argumentar isso?* Ela estaria sendo injusta com Jackson, mas este não seria um problema para ela, afinal não tinha coração. Para Lucy, só importava ela mesma, mas mandá-lo embora traria uma outra preocupação. Teria que contratar um novo líder, e o recém-chegado talvez fosse mais esperto do que Jackson e percebesse que era ela quem fazia os desvios na empresa. Isso sim seria um grande problema. Jackson era do tipo perfeito, confiava em todo mundo e sempre preferia acreditar que a carga poderia ter chegado com alguma falta. E mais, o homem era querido por todos, inclusive por Jorge Fernandes. Lucy pensou: *Que saia justa! Como vou sair desta?* Naquele exato momento, alguém bateu à porta e Jorge Fernandes disse "Entre!"

Jackson abriu a porta, entrou e sentiu um clima tenso no ar. Então se dirigiu ao diretor.

— Gostaria de algumas palavras com o senhor, se não for incômodo.

— Sim, não há incômodo algum. Sente-se. Estávamos mesmo falando a seu respeito. Então, Lucy, o que tem a dizer? Vamos resolver este problema de uma vez?

Lucy, encurralada, disse:

— Jackson, acredito que se dirigiu até aqui porque já tem uma solução do problema sobre o qual conversamos.

— Sim, senhorita, estou aqui para isso, vim me explicar com o senhor. Eu convoquei uma reunião com os funcionários e os coloquei a par da situação, então resolvemos fazer uma nova revisão e infelizmente não encontramos nenhuma explicação em relação ao que pode estar acontecendo. Já liguei para os fornecedores e não encontro uma resposta. Não tenho a menor ideia do que ocorre. Já houve algumas falhas, mas nada que eu não resolvesse. Desta vez não encontro uma resposta favorável à empresa. Portanto, me coloco de frente aos senhores, porque não tenho mais o que fazer, a não ser trazer o problema até o senhor e me colocar à disposição para saber que medida devo tomar a partir de agora.

— Jackson, por que nunca me falou que já havia verificado a falta de produtos no estoque de outras vezes?

— Porque sempre resolvi com os fornecedores, eles sempre cobriram os prejuízos e não havia necessidade de preocupá-lo. Perdoe-me se errei.

— Não tenho de que perdoá-lo. Ou tenho?

Jackson, com a voz trêmula, disse:

— Senhor, sempre fui honesto nesta empresa, e todos sempre me trataram muito bem. Eu não teria motivos para praticar essa injustiça contra o senhor.

Jackson não se continha de tanta ansiedade, só pensava em seu emprego e em como sustentaria a sua família caso viesse a perdê-lo. Tinha uma filha que precisava muito de seus cuidados. Sua esposa não podia trabalhar para ajudar nas despesas da casa. Ficava ocupada o dia todo com os cuidados da filha e os serviços domésticos. Jackson também tinha um filho que trabalhava em uma padaria, mas seu salário mal dava para pagar os estudos, já que seu ganho era muito pouco.

De outro lado, Lucy ponderava se deveria demiti-lo ou não. O que fazer?

Naquele exato momento, o telefone de Lucy tocou. Ela pediu licença para o senhor Jorge Fernandes, levantou-se, distanciou-se um pouco e atendeu.

Do outro lado da linha, um funcionário que trabalhava havia quinze anos na empresa disse:

— Senhorita, preciso lhe falar com máxima urgência!

Lucy respondeu:

— Sim, imagino, pedirei licença ao senhor Jorge Fernandes, descerei e nos falamos. — E desligou o telefone. Jorge Fernandes percebeu que Lucy estava um tanto apreensiva e perguntou:

— Algum problema?

— Não. Sim. Eu só preciso ir até a minha sala. Há um telefonema para mim, fui informada pela minha secretária Catarin. O senhor me dá licença? Depois continuaremos a nossa conversa.

— Sim, Lucy, depois continuamos.

Lucy se despediu e saiu da sala, pegou o elevador e pensou: *Ufa, por agora me livrei*. Depois, refletiu: *O que Rodolfo quer de tão urgente comigo? Será que vazou alguma coisa?*

Jackson, ainda na sala do diretor, perguntou:

— E quanto a mim, senhor? Quais medidas devo tomar? Vai me demitir?

— Por ora não, Jackson, vou deixar que Lucy resolva isso. Está dispensado, pode ir.

— Obrigado, senhor, tenha uma boa tarde.

E, assim, Jackson voltou ao trabalho, pensativo. *O que aconteceu? Não consigo entender. É bem provável que vão me demitir. Ó, meu Deus! O que fazer?*

Caminhando em direção ao seu posto de trabalho, passou em frente à sala de Lucy. A porta estava entreaberta. Rodolfo e Lucy conversavam, e Jackson percebeu algo estranho. Lucy não deveria estar ao telefone? Foi o que dissera na sala do diretor, que havia recebido um telefonema urgente. *Há algo errado. Rodolfo trabalhou comigo até tarde naquele dia. Algo está acontecendo. Rodolfo é tão ambicioso quanto Lucy.*

Na sala de Lucy, Rodolfo disse:

— Lucy, há uma desconfiança de que estou envolvido nisso. Faça alguma coisa! Estamos juntos nessa, certo?

— Que tipo de comentários estão fazendo?

— Estão dizendo que sou muito ambicioso e que, por isso, devo estar envolvido.

— Quem disse isso? Embora seja verdade...

— Como assim, agora também vai querer colocar toda a culpa em mim?

— Calma, Rodolfo, só falei a verdade. Você não é mesmo ambicioso? Ambos somos, não? Mas, voltando ao assunto, como ficou sabendo que estão desconfiando de você?

— Foi sem querer, ouvi uma conversa nos corredores, dois dos meus colegas de trabalho comentavam.

— Tudo bem, Rodolfo. Obrigada pela informação, agora pode ir. Vou ver o que faço. Fique tranquilo.

— Obrigado, senhorita, se precisar é só chamar. Tenha uma boa tarde.

— Boa tarde.

II

Aproximadamente às dezenove horas, ao voltar para casa, Lucy refletia: *Rodolfo é meu cúmplice e sabe de tudo a meu respeito. Demiti-lo acabaria com meu problema ou não? Jogar nele a culpa? Não sei... E se ele abrisse a boca, alguém acreditaria nele? É, ele nunca mais participará do meu esquema. E se fosse Jackson? Eu teria que contratar outro líder, já pensei sobre isso e não me parece uma boa ideia.*

Lucy, desde os seus dezoito anos, morava sozinha com seu pai, pois perdera a mãe quando ainda era muito menina. Filha única, vivera com seu pai desde os seus cinco anos. Quando estava próxima de completar vinte e cinco anos, seu pai começou a adoecer. Ao longo do tempo, seu José foi ficando cada vez mais debilitado, e Lucy cada vez mais preocupada com ele. Providenciou uma cuidadora para assisti-lo enquanto ela trabalhava. Dona Nanci era seu nome e tomava conta de seu José, fazia-lhe companhia e cuidava da casa durante o dia. Dona Nanci já vinha, há algum tempo, alertando Lucy de que seu pai vinha se queixando de dores de cabeça, mas a filha não dava muita importância. Achava que era manha do pai, por causa da idade. O tempo foi passando, seu José já não estava suportando a dor e, então, Lucy resolveu marcar uma consulta médica a fim de ver o que estava acontecendo. No dia da consulta, Dona Nanci resolveu comentar com o doutor Milton sobre as dores de cabeça que seu José já vinha sentindo há alguns meses. Já no consultório, o médico, perguntou:

— Sr. José, como são essas dores em sua cabeça?

— Bem, doutor, são dores constantes. No começo eram leves, mas foram piorando com o tempo. Costumam incomodar muito. São mais acentuadas em um ponto do lado direito da cabeça. Costumo tomar analgésicos todos os dias, mas não sinto melhoras.

— Certo. Vou pedir alguns exames específicos. Submeta-se a eles o mais rápido que puder e me traga os resultados assim que estiverem prontos. E, por ora, vá tomando o medicamento que irei receitar para aliviar as dores até que saiam os resultados dos exames. Por hoje é só.

Quinze dias após a primeira consulta, já com os resultados em mãos, Dona Nanci e seu José voltaram ao consultório. Dr. Milton, ao revisar os exames, constatou que havia um nódulo no cérebro de seu José e resolveu pedir novos testes, dessa vez com biópsia, que seriam feitos no próprio hospital. O médico pediu ao paciente que avisasse a sua filha para entrar em contato com ele. Seu José chegou em casa bastante nervoso, aguardou a filha retornar do trabalho e, então, a colocou a par da situação. Disse que o Dr. Milton queria ter uma conversa com ela.

No dia seguinte, logo pela manhã, Lucy ligou ao consultório e a secretária prontamente atendeu.

— Por favor, gostaria de falar com o doutor Milton?

— Sim, só um momento. Já vou passar a ligação.

Dr. Milton, em sua sala, atende ao telefone.

— Doutor, aqui é Lucy. Sou filha do senhor José. O senhor me pediu que ligasse. Está acontecendo alguma coisa com meu pai, doutor Milton?

— Ah, sim, preciso lhe falar com máxima urgência. Pode passar por aqui agora pela manhã?

— Sim, claro. Estou ficando preocupada. Pode me adiantar o assunto?

— Acalme-se, quando chegar aqui conversamos.

— Sim, já estou indo.

Lucy se despediu do pai e foi ao consultório. Logo foi recebida pelo médico.

— Bom dia, doutor. Vim o mais rápido que pude. Qual o motivo da urgência? Está acontecendo alguma coisa com o meu pai?

— Sim, vou lhe explicar tudo, mas você terá que ser forte, Lucy. Seu pai tem um nódulo e me parece que é sério. O nódulo está localizado na parte posterior do crânio, à direita. Preciso operá-lo o mais rápido possível.

— Mas como, Doutor? O meu pai sempre teve uma saúde de ferro!

— É, Lucy, aconteceu. Foi constatado um nódulo no cérebro de seu pai e me parece perigoso. Quero que fique a par da urgência. Pedi mais exames. Traga-me os resultados assim que ficarem prontos. Ultimamente, os diagnósticos de câncer aumentaram muito.

— O senhor está me dizendo que o meu pai está com câncer?

— Bem, Lucy a suspeita é grande. Já existem bons tratamentos, mas não há certeza da cura. Você terá que ser forte e vamos pensar positivamente. Vou solicitar alguns exames pré-operatórios para agilizar a cirurgia caso o diagnóstico seja confirmado, e assim que os resultados ficarem prontos você me traz, certo? E assim que o resultado da biópsia ficar pronto lhe aviso, mas de qualquer forma vamos ter que operar. Lucy, me procure com os resultados em mãos para marcarmos a cirurgia. Agora, fique otimista. Até logo, Lucy.

— Até, Doutor. Só mais uma pergunta. Quanto tempo o meu pai tem de vida?

Doutor Milton, tomando cuidado com as palavras, disse:

— Lucy, não se desespere. É cedo ainda para dizer. Fique otimista. Vamos por partes, faremos a cirurgia e analisaremos o caso, e só depois voltaremos a falar.

— Tudo bem.

Lucy saiu do consultório arrasada e começou um desabafo, falando sozinha:

— Já perdi minha mãe aos cinco anos e agora vou perder o meu pai? Onde está este Deus a quem todos chamam de pai? Um Deus oculto, que, quando mais precisamos e chamamos por ele, não nos ouve!

Lucy, então, gritou desesperada:

— Onde estais, Deus? Falai comigo! Não vou suportar ficar também sem meu pai. Já levastes minha mãe aos cinco anos de idade e agora tirarás o meu pai também? Só tenho vinte e cinco anos, não vedes que preciso dele? Por que me castigais assim? Falai comigo! Como posso acreditar que existais? Clamo pelo senhor Deus e permaneceis oculto!

Confirmou-se que seu José tinha mesmo câncer. Lucy começou uma luta contra a doença do pai, que terminou um ano após a cirurgia, e seu pai desencarnou aos 63 anos. Lucy recebeu o apoio de seus amigos, mas não foi o bastante, pois sentia muita falta dele. Seguiu a vida desorientada e revoltada com Deus, com tudo e com todos. Passou a não acreditar em mais nada a não ser em si própria e se tornou uma pessoa amarga. O único consolo de Lucy era quando dormia. Sonhava com seu pai todas as noites como se ainda ele estivesse vivo. Lucy mal sabia que ele estava bem por perto. Sua angústia sempre fazia com que ele estivesse ali, tentando ajudá-la, mas ele não podia fazer quase nada. Seu pai desejava fazer dela uma pessoa melhor.

Passaram-se sete anos de revolta e tristeza. Lucy não deixava o seu pai partir e seguir sua vida espiritual. Suas energias o mantinham sempre por perto, como um guardião.

Certa noite Lucy, ao dormir, teve seu espírito desprendido do corpo na hora do sono. Olhou para o lado e visualizou seu pai olhando em sua direção, com olhos tristes, como se quisesse dizer algo. Assustada, despertou e, sem entender o que estava acontecendo, não conseguiu dormir mais. E assim aconteceu todas as noites. Lucy passou a ver o pai.

No dia em que teria que demitir um de seus funcionários, Jackson ou Rodolfo, para se livrar do problema do desvio de mercadorias, Lucy, ao se deitar, fechou os olhos e relaxou. Naquele momento, quando estava quase para pegar no sono, ouviu uma voz que disse:

— Filha, a honestidade é um dos bens mais preciosos quando passamos para o lado de cá. — E, naquele momento, ela abriu os olhos e viu seu pai ao lado de sua cama, e logo após a imagem desapareceu.

— Meu Deus, estou enlouquecendo? Que delírio!

Mais tarde, já na empresa, Lucy teve uma excelente ideia e pediu a Catarin, sua secretária, que informasse Rodolfo de que precisava falar com ele. A secretária pegou o telefone e discou para a sala de Jackson, que, ao atender, constatou que era da parte de Lucy.

— Alô, senhor Jackson? É Catarin quem fala. Lucy pediu que informe ao Rodolfo que venha até a sala dela.

— Certo, só um instante que já irei chamá-lo.

Catarin agradeceu e desligou o telefone. Jackson foi até o galpão e se dirigiu ao funcionário.

— Lucy quer vê-lo em sua sala, pode ir até lá?

— Sim, senhor.

Rodolfo, ao chegar à sala de Lucy, bateu à porta, ao que a superior respondeu:

— Pode entrar, feche a porta, por favor, e sente-se. Quero fazer-lhe uma proposta.

Lucy, percebendo que tinha a atenção do homem à sua frente, continuou:

— Está preparado para subir de cargo e ocupar o lugar de Jackson como líder de produção? Acha que tem competência para isso?

— Sim, senhorita. Nestes quinze anos em que trabalho aqui, conheci todas as normas da empresa. Só estava esperando uma chance para demonstrar o meu empenho. Obrigado, senhorita.

— Ótimo, mas cuidado com sua ambição. Não faça nada sozinho sem antes me comunicar, senão colocará tudo a perder. Posso confiar?

— Claro, senhorita, não se preocupe.

— Pode ir e mantenha nossa conversa em segredo por enquanto, até que eu prepare tudo para demitir Jackson. Ninguém pode saber.

Rodolfo agradeceu mais uma vez e se dirigiu até a porta, radiante de felicidade. Antes que saísse, Lucy chamou a sua atenção e disse:

— Rodolfo, ninguém mesmo, viu? Disfarce esse seu sorrisinho por ora. Jackson não pode desconfiar.

— Sim, senhorita, e se me perguntarem por que me chamou, o que digo?

— Invente qualquer desculpa!

— Pode deixar, saberei o que dizer.

E assim saiu e voltou aos seus afazeres. Um de seus colegas se aproximou e perguntou:

— O que a chefinha queria com você? Dar-lhe uma bronca?

Rodolfo se virou para o seu colega e disse:

— Não é da sua conta!

O colega brincou:

— Nossa, está nervosinho?

E saiu. Rodolfo pensou: *Me dei bem, nem preciso arrumar uma desculpa, esse idiota já arrumou para mim.*

Jackson, depois de passar o dia inteiro preocupado e pensativo, ao ver Rodolfo perguntou:

— Algum problema para a senhorita Lucy o chamar em sua sala?

— Não, problema algum. Uma bronca aqui, outra ali, como sempre. O senhor já não a conhece?

— Sim, Rodolfo, como a conheço, até mais que imagina — e voltou para a sua sala.

Será que Jackson já desconfia de alguma coisa? Bem, se desconfia, não fui eu quem falou.

Jackson não sabia que Rodolfo iria ocupar seu lugar na empresa e, pensativo, terminou o fechamento do dia. Já era hora de retornar para casa.

III

Ao chegar em casa, Jackson deu um beijo na esposa e foi até o quarto da filha Julian, que se encontrava em sua cadeira de rodas. Era portadora de uma doença degenerativa muscular. Julian, ao vê-lo, transmitiu certa tristeza em seus olhos. O pai, preocupado, chamou a mãe de Julian, sua esposa, e perguntou:

— Aconteceu alguma coisa, querida? Estou achando Julian um pouco desanimada.

Julian, apesar de seu problema, era uma menina alegre e possuidora de uma fé inabalável. Sempre acreditava que tudo ia dar certo. Só se via Julian triste quando tinha uma premonição desfavorável com alguém.

Jackson e sua família sempre foram espíritas. A doutrina os ajudava a entender a razão de a menina ter desenvolvido aquela doença. Eles eram perfeitos para Deus. Acreditavam que Julian nascera justamente na sua família por alguma razão. O espírito de Julian, em vidas passadas, vivera milhares de anos antes de Cristo reencarnar no planeta Terra. Julian tinha experiências de muitas vidas, inclusive entre ínstares, que são estágios entre as mudas, a eclosão larvar e o momento em que o animal adquire sua maturidade sexual. O ser passa a ter a responsabilidade de procriar. Em seguida surge o animal, em seguida surge o homem. Julian presenciara todas essas fases em espírito antes da reencarnação de Cristo.

Julian reencarnara pela primeira vez num mundo mais desenvolvido antes de reencarnar na Terra em um corpo feminino. Mulher, rica, bonita e desejável. Uma verdadeira princesa, que despertava muitos desejos aos homens. Julian se casara cedo, pois fora prometida, ainda na infância, pelos seus pais a um jovem da corte, Jackson, que era, porém, muito ciumento. Nasceram seus filhos tempos depois. Julian, enlouquecida pelos ciúmes de seu marido e já sem suportá-lo, passara a se relacionar com Willian, um moço das proximidades da corte.

O tempo passou e, de boato em boato, Jackson desconfiara de que estivera sendo traído e passara a vigiar a esposa. Tempos depois tivera certeza e ficara enfurecido, pois seu nome já se tornara chacota na boca do povo da corte e todos da cidade já sabiam do romance entre Willian e Julian.

Certo dia, ao término dos seus atributos junto à corte, Jackson se dirigira a seus aposentos e flagrara Julian e Willian em fornicação. Jackson sacara uma arma e disparara contra os amantes, que caíram e desencarnaram em um só instante. Os dois foram levados ao plano espiritual por espíritos iluminados.

Já no plano espiritual, passaram pelo processo evolutivo, de tratamento espiritual, para o espírito e o perispírito. Esse tratamento é variável de acordo com o estado evolutivo de cada espírito. Ao término do tratamento são levados a uma sala apropriada para revisitar o passado de cada um. Na hora de rever o quanto erramos e acertamos nesta e em outras existências, Deus nos dá todas as oportunidades para progredirmos cada vez mais. Mesmo assim, diariamente, costumamos questionar Deus sobre o porquê de tanto sofrimento. Por que uns são ricos e outros pobres, deficientes físicos ou psicológicos? Por que tantas desgraças em nossas vidas?

Willian e Julian estiveram em uma sala, recebendo orientações do que iriam relembrar de suas vidas passadas. Fora no momento em que receberiam um novo corpo para habitar novamente o planeta Terra que chegara a hora do processo de esquecimento para a aceitação da convivência entre espíritos que têm débitos, ou seja, que não haviam perdoado.

Numa gigantesca sala iluminada, Willian e Julian estiveram juntos a outros espíritos, esperando para rever o seu passado, quando uma voz oculta pedira que todos fechassem os olhos bem devagar. A claridade da luz fora diminuindo como se estivessem desconectando fios.

De olhos fechados, na mente de cada um revela-se um clarão que se expande e o espírito volta no tempo, revendo tudo o que vivera há milhões de anos, desde as fases de ínstares até o começo de nossas vidas como seres humanos, quando passamos a ter nosso livre-arbítrio para o desenvolvimento de nosso espírito, passando por provas e expiações.

Deus fez todos os seres livres para escolherem o seu próprio caminho. O Senhor não nos fez seus prisioneiros, mas, sim, livres. Deus não quer marionetes comandadas por ele, e, sim, espíritos livres para sua livre escolha; portanto, somos responsáveis por tudo de certo ou errado que nos acontece, para que possamos comandar o nosso próprio processo de evolução. É a tela mental de cada espírito, no estado (êxtase) transportado para fora de si e do mundo sensível por efeito de exaltação ou de sentimento muito intenso, de alegria, prazer, admiração ou temor. O espírito revê todo o seu passado junto ao convívio de pessoas de sua vida no planeta Terra e em outros planos. Com seu passado em mente, o espírito ainda tem o seu livre-arbítrio para escolher o estado de sua nova existência de reencarnação em novo corpo; a sua referência de escolha depende do seu estado espiritual.

Feito isso, Willian e Julian estavam prontos para a sua nova existência em uma das moradas do Pai. Julian escolhera renascer em um mundo primitivo, sem beleza, mas rico em sabedoria. Willian voltara ao planeta Terra.

Jesus disse: *Há muitas moradas na casa do meu Pai*, moradas que nós não conhecemos, mas Julian conhecia e contava sobre a sua experiência.

Julian renascera em espírito num planeta onde não existem cores, sexo, roupas e nem alimentos. Os seres se alimentam de sua própria energia, vivem nus porque não há do que se envergonhar, pois não possuem sexo. São baixinhos e não passam de noventa centímetros de altura e suas cabeças são gigantescas, têm noventa e oito centímetros de tamanho quando adultos. Seus olhos têm formato e tamanho de uma azeitona, o nariz mede quatro centímetros, a boca cinco centímetros.

Para Julian, habituar-se àquele planeta não fora fácil, pois sentira fome até adquirir uma inteligência suprema, que comandava o seu organismo. A comunicação entre os seres daquele local ocorre psiquicamente, interligada por uma espécie de energia múltipla de acesso transmitido de mente a mente. Naquele planeta o ar é sufocante para os espíritos que chegam da Terra, até que se adaptem – o que leva de seis meses a um ano de vida. Julian vivera lá por cerca de um milênio. Aqueles seres são captadores de energia fluídica do universo e repassam a todos os outros planetas. Julian escolhera renascer naquele plano para evitar as tentações da carne, pois, em suas vidas anteriores, havia cometido muitos erros em razão da beleza física. Livre das tentações mundanas, ela só tinha a evoluir em espírito e perispírito até que sua próxima reencarnação fosse no planeta Terra, onde a aguardava um novo desafio.

Enquanto isso, Willian passara por vários processos de reencarnação no planeta Terra, tentando pagar os seus débitos do passado. Toda vez que desencarnava, ele passava pelo plano espiritual e revia os seus erros e acertos. Em algumas dessas reencarnações, Willian se encontrava com Julian através da energia fluídica dos dois espíritos. Willian e Julian tinham fortes laços afetivos, ligados a várias vidas passadas. No entanto, é possível o encontro de dois espíritos através do perispírito. Quando dormimos, o perispírito se expande e o espírito sai do corpo e pode se encontrar com outros espíritos, encarnados, desencarnados, e espíritos de outras galáxias planetárias, tanto encarnados como desencarnados.

Todos sabemos que, quando estamos no útero, temos o cordão umbilical que liga a mãe ao bebê. Assim também é nosso espírito. Somos ligados através de um cordão que fica na parte posterior do crânio. Enquanto ligado, nosso espírito pode sair e voltar para o corpo através da energia magnética fluídica. Quando desencarnamos, este cordão é desligado. Veja quando um médico chega para uma família que tem um ente querido internado e informa que não há mais o que fazer, dizendo *Fulano entrou em óbito*. Só o coração está batendo; há lógica entre espírito e corpo. Quando o espírito parte, o corpo ainda se mantém vivo por um tempo, até os órgãos pararem.

Numa certa noite, Willian fora até Julian, no plano onde ela se encontrava. Julian o recebera com amor e, para que o homem não se assustasse, se apropriara de sua aparência anterior, a que Willian conhecera; porém, no decorrer da conversa, Julian fora mostrando o plano astral onde ela vivia até apresentar os seus amigos. Quando Willian se deparara com aqueles seres estranhos, se assustara ao ponto de voltar para o corpo e acordar suando frio e com a respiração ofegante, dizendo *Meu Deus, que pesadelo é esse?*

Aí se explica quando temos um sonho mirabolante e entendemos como pesadelo: muitas das vezes somos levados para outro plano global e nos deparamos com o que é oculto aos nossos olhos.

O plano espiritual vem nos revelando coisas de outras moradas do Pai. O planeta Terra está em transição global; muitos serão chamados e poucos escolhidos. A maioria dos espíritos que desencarnar nesta transição será levada para outro planeta de regeneração. Para outro recomeço evolutivo, moral e espiritual.

Depois da primeira visita, Julian e Willian passaram a se encontrar mais vezes. Eles tinham uma forte ligação espiritual. Em uma das vezes que se encontraram, receberam a visita de um anjo em forma de homem, que lhes informara de uma nova reencarnação em que viveriam juntos novamente, como irmãos, pois ainda havia débitos a resgatar. Após está revelação, Julian voltara ao seu planeta e fora preparada por seres mais elevados, realizando a transição do espírito para voltar ao planeta Terra. Após está transição, estava pronta e escolhera Jackson e Elisabeth como seus pais. Julian tinha como livre-arbítrio a escolha de como queria pagar seus débitos de vidas passadas e como deveria nascer.

A escolha que fez não era fácil, pois optara por vir com uma doença degenerativa que, com o tempo, iria agravando a sua coordenação motora ao ponto de se tornar paraplégica, precisando de cuidados especiais. Depois da escolha, era necessário esperar o momento de seu nascimento, que seria após o retorno de Willian.

Julian estava ansiosa para chegar ao planeta Terra para sua nova experiência; desta vez, tinha certeza que conseguiria cumprir com todos seus deveres espirituais, pois estava confiante em seu aprendizado recente.

Willian, já desencarnado havia algum tempo, também estivera em repouso de preparação e transição espiritual, que levaria por volta de dois anos. Relembrava suas vidas passadas durante a preparação para uma nova reencarnação. Este processo é necessário todas as vezes que o espírito desencarna do corpo físico e vai para o plano astral para uma nova reencarnação. Isso depende do estado do espírito e em que plano astral o espírito se encontra.

Julian, por estar em um plano primitivo com seres elevados que vão pra esse plano pra alavancar na evolução, dos seres que volta a este plano para adquirir conhecimento de inteligência suprema fizera sua transição no mesmo plano em que se encontrava. Willian também já escolhera Jackson e Elisabeth como seus genitores. Todo o procedimento fora concluído; os futuros pais, já no planeta Terra havia alguns anos, se conheceram e, após três anos de namoro, casaram-se. Dois anos depois, Elisabeth gestou seu primeiro filho, que recebeu o nome de Willian. Alguns anos após o nascimento de Willian sobreveio uma nova gravidez e Julian, uma linda menina, veio ao mundo. Jackson e Elisabeth viviam com grande felicidade; a vida era perfeita, afinal tinham um casal de filhos, tudo o que sempre quiseram.

IV

Enquanto o tempo ia passando, Jackson trabalhava para sustentar sua família, Elisabeth cuidava das crianças e tudo ia muito bem. Julian participava, dos dez aos doze anos, de um encontro de jovens no centro espírita que os pais frequentavam. A garota e seus amigos do grupo faziam trabalhos voluntários maravilhosos por todo o bairro. Quando Julian fez 18 anos, passou a tomar frente ao grupo e foi expandindo seus trabalhos por toda a cidade. Em pouco tempo, a jovem se tornou conhecida por muitos que a procuravam para pedir ajuda. Ora com alimentos, ora através de seus conhecimentos espirituais. Julian nunca negou ajuda a ninguém, sempre saía à procura de mantimentos entre vizinhos, supermercados e outros em busca de ajudar o próximo. Assim era a vida de Julian. Todos a chamavam de anjo. Era muito feliz e fazia muita gente feliz.

O tempo foi passando e Julian começou a sentir dificuldades com as pequenas coisas do dia a dia. Desde criança, a fragilidade da menina era percebida pela mãe. Certo dia, Julian começou a deixar cair as coisas das mãos sem motivo. Sua mãe começara a prestar atenção na filha e comentou sobre as dificuldades com Jackson, que disse:

— Eu também percebi algo estranho com Julian, mas achei que era coisa da minha cabeça. Se você também percebeu, é melhor conversarmos com ela e a levarmos ao médico.

Dias depois, todos estavam à mesa para o jantar quando Julian foi se servir e o prato caiu de sua mão. Todos se assustaram, até mesmo a jovem, pela forma com que perdeu o controle do objeto. Elisabeth disse:

— Filha, já faz alguns dias que venho lhe observando e já ia mesmo falar com você. Acho que vem deixando as coisas caírem com certa frequência. Estive comentando com seu pai e ia mesmo chamá-la para irmos a uma consulta com o médico. O que você acha?

A moça respondeu:

— Mãe, tudo bem, depois de hoje não dá mais pra fingir que nada está acontecendo.

— Então vou amanhã mesmo marcar uma consulta e resolveremos isso de uma vez. O que acha?

Jackson concordou.

— Sim, filha, sua mãe lhe acompanhará.

— Claro, filha. Pode contar comigo.

— Sim, mamãe, está combinado. Agora vamos jantar senão a comida vai esfriar.

No dia seguinte, logo pela manhã, Elisabeth ligou para um consultório e marcou uma consulta com um neurologista. No dia da consulta, levou Julian ao médico, que a examinou e disse que precisaria de alguns exames. As duas se despediram do médico e saíram. Ao chegarem em casa, Julian logo pegou o telefone e marcou os exames. Sua mãe ficou orgulhosa da disponibilidade e da coragem com que a filha resolvia tudo. Dias depois, chegou a hora de realizar os testes. Com os resultados em mãos, Jackson, Elizabeth e Julian voltaram ao médico.

Para a surpresa de todos, o pesadelo de Elisabeth e Jackson se confirmou. Julian tinha uma grave doença. O médico explicou tudo aos pais. Eles voltaram para casa arrasados e preocupados. Ao chegarem em casa, Julian viu a preocupação dos pais, que era nítida. Ela os tranquilizou dizendo que o que tiver que ser, será, que eles não deviam se preocupar. *Deus sabe o que faz*. A atitude de Julian foi surpreendente para os pais.

— Mamãe, papai, não fiquem assim. Não cai uma folha de uma árvore sem que Deus permita, está tudo bem. Não fiquem tristes. Eu vim para alegrar os seus corações.

Os pais ficaram perplexos com as palavras de Julian. Por verem a filha tão forte diante de tal situação, os dois se entreolharam e Jackson disse:

— Você não tem medo? Quando foi que você aprendeu a ser tão forte, filha?

— Ah papai, eu sei que a vida nem sempre é feita de flores. Existem momentos difíceis para aprendermos a dar mais valor à vida e para o progresso de nosso espírito.

Julian trouxe em sua memória a toda inteligência do planeta em que esteve por tanto tempo. Ela veio à Terra mais para ensinar do que aprender, pois era de uma inteligência suprema. Aprendeu tudo com muita facilidade.

O tempo passou e Julian já estava ministrando palestras com uma sabedoria que deixava maravilhados todos que assistiam. Com suas palavras doces e amorosas, seus pais cada vez mais aprendiam com ela o ensinamento do Evangelho. Ensinava a todos com uma fé inabalável, suas limitações não a deixaram parar e tinha sempre uma palavra amiga de consolo a quem precisasse.

Algum tempo depois, Jackson trabalhava e cuidava dos compromissos junto aos seus funcionários. Passava o tempo todo preocupado com sua filha, que não andava nada bem.

No final da tarde, Lucy pediu à secretária que chamasse Jackson em sua sala. Catarin bateu à porta da sala de Jackson:

— Pode entrar.

— Obrigada, Jackson, mas só vim trazer um recado: Lucy deseja que vá até a sala dela.

— Agora, Catarin?

— Sim, Jackson.

— Tudo bem, diga a ela que daqui a pouco estarei lá.

— Sim, senhor, tenha um bom dia.

Catarin saiu e fechou a porta. Jackson respirou fundo e saiu em direção à sala de Lucy. Ao chegar, bateu à porta e Lucy respondeu:

— Entre e sente-se, mas antes feche a porta.

Jackson fechou a porta, sentou-se na cadeira e disse:

— Pois não, senhorita, o que deseja?

— Jackson, tem algo a me dizer sobre o desfalque?

— Nada mais que a senhorita não saiba.

— Bem, neste caso você não me dá outra opção a não ser demiti-lo.

— Sim, senhorita, eu já sabia que iria me demitir.

— Como sabia se não comentei com ninguém?

— Minha filha já havia me alertado.

— Como assim? Como pode saber, se eu nem a conheço?

— Sim, senhorita, minha filha não precisa conhecê-la para ler os seus pensamentos. Ela tem premonições e ontem me disse que hoje a senhorita me dispensaria, mas era para eu ficar tranquilo que tudo iria ser esclarecido após eu sair.

Lucy ficou estagnada com as palavras de Jackson, mas disfarçou e disse:

— Pode passar no departamento de recursos humanos.

Jackson se levantou, olhou para Lucy e disse:

— Sabe que está a cometer uma injustiça? A honestidade é um bem precioso para Deus.

Saiu e fechou a porta, e assim que chegou em sua sala começou a arrumar suas coisas, triste e pensativo. Ao terminar, passou no departamento de recursos humanos, assinou a sua demissão e voltou à sala para pegar as suas coisas. Levou-as até o carro e voltou para se despedir da equipe com que trabalhou junto durante anos.

Jackson, ao chegar ao escritório, pediu que lhe dessem atenção por um minuto. Todos deixaram o que estavam fazendo e se viraram para Jackson, que disse:

— Meus amigos, há 10 anos trabalhamos juntos, todos sabem que dei o meu sangue por esta empresa, mas hoje é o último dia em que vocês me veem aqui. Acabo de ser demitido, me responsabilizaram pelo desvio na empresa. Lucy me demitiu injustamente. Peço a todos que não pensem que porque estou saindo sou culpado. Saibam que o culpado ainda se encontra aqui dentro, portanto peço que tomem cuidado para não serem os próximos injustiçados. Quero agradecer a todos pelo tempo em que trabalhamos juntos; nunca tive do que me queixar de todos vocês. Irei sentir saudades. Peço que recebam de braços abertos o próximo líder e façam um bom trabalho juntos. Estou indo, mas deixo um grande abraço a todos.

Neste momento todos vieram abraçá-lo, inclusive Rodolfo, que lhe desejou boa sorte. Jackson disse:

— Uma boa sorte a você também, Rodolfo, vai precisar.

Rodolfo estranhou as palavras de Jackson, mas, sem dizer nada, saiu e deu o lugar para outros se despedirem. Após cumprimentar todos, Jackson foi para casa entristecido.

Enquanto isso, Lucy, em sua sala, estava pensativa e se lembrava das palavras de Jackson, que soaram as mesmas do pai naquele dia em que o viu em seu quarto. Pensativa, disse: *É só uma coincidência, vou deixar isso para lá.*

Assim, chamou por Catarin, a secretária, e pediu-lhe que fosse chamar Rodolfo. Catarin foi até o outro galpão, onde Rodolfo se encontrava, e pediu que comparecesse na sala de senhorita Lucy. Mais que depressa, Rodolfo foi até a sala da chefe sabendo do que se tratava. Ao chegar, pediu licença, entrou e sentou-se.

— Rodolfo, agora é com você, espero que faça um bom trabalho.

— Sim, senhorita, estou aqui para isso, farei de tudo para ser um bom líder. Pode contar comigo.

— Ótimo. Cuidarei de tudo e vou levar minha decisão ao senhor Fernandes. Se ele aprovar, você será o novo líder.

— Certo, senhorita, fico aguardando.

— Agora pode ir, assim que estiver tudo certo mando-o chamar. Por ora já pode comandar a equipe. Diga a todos que, até nova ordem, você, por ser o mais velho da empresa, ficará responsável. Assim todos vão se acostumando desde já com sua autoridade.

Rodolfo saiu, foi até o galpão e informou aos colegas que Lucy o encarregara de tomar conta da equipe até segunda ordem. Todos ouviram o que Rodolfo disse e voltaram ao trabalho. Entre eles, surgiu um comentário: *Não disse que o Rodolfo tinha tudo a ver com a demissão de Jackson*? E o falatório se espalhou pela empresa até chegar aos ouvidos de Jorge Fernandes, o diretor, que, ao ouvir, ficou atento à decisão de Lucy.

Dois dias depois, Lucy se dirigiu à sala de Jorge Fernandes e comunicou a sua decisão de Rodolfo ser o novo líder, e perguntou:

— O senhor concorda?

— Sim, Lucy, faça o que achar melhor. Quanto a mim, tudo bem.

— Certo, senhor, vou tomar as providências.

E despediu-se ao sair da sala.

Assim que Lucy saiu, Jorge pôs-se a pensar no falatório que ouviu pela empresa e disse a si mesmo que iria observar com cautela, pois onde há fumaça, há fogo. Os meses foram passando e o diretor, sempre atento a um comentário aqui e outro ali, resolveu então infiltrar um detetive particular na equipe de funcionários, para investigar. Chamou Lucy e apresentou o rapaz como o filho de seu motorista particular e pediu a ela que o contratasse como ajudante no galpão. Lucy, sem desconfiar de nada, disse:

— Sim, senhor, não vejo problema algum. Irei ver isso agora mesmo.

E, voltando-se para o rapaz:

— Qual é a sua graça?

— Chamo-me Rafael, senhorita.

— Bem, Rafael, vou pedir à minha secretária que prepare toda a papelada para que possa assinar.

— Obrigado, senhorita.

O diretor interveio:

— Então, Lucy, faça isso e mande chamá-lo.

— Certo, senhor, vou agora mesmo.

Assim, Lucy saiu da sala e deixou Jorge Fernandes junto com Rafael. O diretor contou ao jovem tudo o que vinha se passando e informou o que pretendia descobrir. E Rafael respondeu:

— Certo, senhor, pode deixar comigo. Se houver algo de errado, irei descobrir.

— Muito bem, meu jovem! É assim que se fala. Pode ir, Lucy entrará em contato.

— Sim, senhor.

Uma semana depois, Rafael já se encontrava trabalhando junto aos demais funcionários. Meses se passaram e Rafael anotava tudo que encontrava de errado na empresa, sem que ninguém percebesse. Após seis meses, seu relatório já se encontrava pronto, então se dirigiu até a sala de Jorge Fernandes e passou a ele tudo o que apurara. Para a surpresa do diretor, suas suspeitas estavam confirmadas. Houve desvios de produtos em todos os meses. Jorge Fernandes, enfurecido, solicitou a Rafael que fique por mais alguns meses para descobrir quem eram os culpados. O detetive começou, então, a segunda etapa de sua investigação. Após dois meses, Rafael deu nome aos responsáveis pelos desfalques: Lucy e Rodolfo.

Com seu serviço já concluído, Rafael passou tudo para Jorge Fernandes, que ficou surpreso, pois achava que só Rodolfo estava metido no esquema. Não esperava que Lucy também estivesse nessa sujeira, já que pagava muito bem por seus serviços. O diretor convocou uma reunião com todos os sócios e funcionários da empresa, desmascarou Rodolfo e Lucy em frente a todos e demitiu ambos, que deixaram a empresa envergonhados.

Desempregada, Lucy começou a procurar um novo trabalho e se deparou com dificuldades em encontrá-lo. Sua fama havia se espalhado pelo mercado. De outro lado, Jackson, que fora demitido injustamente, já estava trabalhando em outra empresa havia um ano, e agora como chefe de produção. Para Jackson, a injustiça de Lucy só o fizera crescer, enquanto que ela apenas caíra.

V

Após oito meses desempregada, Lucy, por coincidência, enviou um currículo para a empresa Gouveia, uma distribuidora de alimentos, e o papel foi parar nas mãos de Jackson, que resolveu contratá-la. Sem que ela soubesse, mandou chamá-la para uma entrevista. No dia marcado, Lucy, esperançosa, chegou à empresa; era sua primeira entrevista em oito meses. Para sua surpresa, quando adentrou a sala da entrevista, lá estava Jackson. Lucy ficou branca como uma folha de papel ao se deparar com antigo subordinado, padeceu de vergonha e pensou: *Jackson me chamou aqui para me humilhar.*

Ele pediu a ela que se sentasse e solicitou à sua secretária um copo com água para acalmar a entrevistada. Lucy bebeu a água e, um pouco mais calma, disse:

— Jackson, por que me chamou? Você sabia que era eu... pretende me humilhar?

— Lucy, pense o que quiser, mas não seja injusta novamente comigo. Sei que está com dificuldade para encontrar um novo emprego, por estar suja no mercado de trabalho pelo que fez. Você foi injusta comigo me responsabilizando por algo que vinha fazendo junto com Rodolfo. Desde que saí de lá, já sabia que estavam juntos nessa.

— Mas, se sabia, por que não nos entregou?

— Porque, Lucy, costumo deixar que Deus resolva as coisas por mim. Confio na justiça de Deus. Olhe para onde você está agora.

Lucy abaixou a cabeça, envergonhada, sem palavras. Só conseguiu dizer:

— Nem vou pedir o seu perdão, pois sei que não o mereço.

Jackson olhou para Lucy e disse:

— Todos merecem perdão, desde que o pedido seja sincero. Deus perdoa a tudo e a todos. Quem sou eu para não a perdoar? Por mais injusta que você tenha sido comigo, merece o meu perdão. Quando eu precisei daquele emprego, foi a senhorita que me empregou, não esqueço o que me fez de bom. Naquela época, eu precisava tanto... agora é chegada a hora para eu retribuir o bem que me fez.

Lucy ficou impressionada com as palavras de Jackson e disse:

— Quer dizer que vai me contratar, Jackson?

— Sim, foi para isso que mandei chamá-la, espero que aceite.

— Mas por que faria isso? Sabe que fui desonesta com o senhor.

— Sei, sim, mas sei também que a lição lhe serviu, e que não vai mais cometer esse erro, não é, Lucy?

— Sim, claro, prometi a mim mesma nunca mais fazer tal coisa.

— Muito bem, senhorita, às vezes precisamos que Deus puxe o nosso tapete para darmos valor às coisas e às pessoas ao nosso redor. Vou lhe dar uma chance para que possa mostrar a si mesma que pode ser uma pessoa melhor e corrigir os seus erros. Posso lhe dar este voto de confiança?

— Claro, obrigada, Jackson! Não esperava isso, que justo você me dessa esta chance. Não sabia que você trabalhava nesta empresa.

— Eu sei, e, se a senhorita soubesse que esta entrevista era comigo, não teria vindo, não é, Lucy?

— Sim, não teria coragem de vir, e iria perder a única chance de emprego, pois já bati em todas as portas e não tive sucesso.

— Pois é, Lucy, é de onde menos esperamos que as coisas acontecem. Veja, foi preciso você me demitir para que eu encontrasse este emprego melhor, e hoje estou aqui para lhe dar a mão, é assim que Deus trabalha em nossa vida.

— Jackson, acredita mesmo que Deus exista?

— Sim, Lucy, não tenho dúvidas. Você tem?

— Não consigo acreditar. Se Deus existe, por que nos deixa sofrer e nos deixa fazer o que queremos? Não entendo que Deus é este que ninguém vê e mesmo assim acredita. Eu não consigo acreditar, pois nas horas em que mais precisei, ele me faltou e fiquei sem rumo e sem direção.

Jackson, ao ver a revolta de Lucy com Deus, disse:

— Veja, Lucy, acha mesmo que é mera coincidência estarmos aqui juntos de novo? Não acha que é coisa de Deus?

— Não, Jackson, para mim é só uma coincidência mesmo.

— Bem, Lucy, vejo que tem muito o que aprender. Vou pedir que saia agora e providencie os seus documentos e traga para a admissão da vaga que tenho. A vaga é de líder.

Lucy disse, pensativa:

— Líder?

— Sim, Lucy, mas se não aceitar vou entender.

Lucy pensou. Sabia que não está fácil de arrumar outro trabalho depois do que fizera, e disse:

— Aceito, Jackson.

— Certo, então providencie tudo e traga o mais rápido possível.

— Sim, providenciarei tudo rapidamente.

Ao voltar para a casa, Lucy pensou na razão pela qual Jackson a contratara se tinha todo o motivo para odiá-la. *Ele é uma boa pessoa, acreditou que eu posso mudar. Como pude não perceber antes a pessoa que Jackson é? Tanto tempo trabalhando juntos e só agora eu percebo como ele é bom. Eu fui muito injusta com ele, como pude fazer isso? Estava cega por dinheiro e de que me adiantou? Perdi toda a minha dignidade, meu caráter. Hoje não sou ninguém, sou uma pessoa suja. Se não fosse a bondade de Jackson, o que seria de mim? Não tenho mais ninguém neste mundo. Vou me redimir e ser outra pessoa daqui para frente. Não vou decepcioná-lo. Vou dar o meu melhor naquela empresa, assim como Jackson fez comigo quando o empreguei.*

Lucy seguiu com seus pensamentos. O que ela não sabia é que somos responsáveis pelos nossos atos. Todos nós trazemos essências do mal de vidas passadas, mesmo inconscientes. Há momentos em que voltam ao nosso espírito encarnado e, se não soubermos lidar com as essências de nosso espírito e superar o caráter enganoso e ilusório das impressões sensíveis, tornando-nos imutáveis, há contemplação eterna com as realidades com Deus. E assim atrasamos a nossa evolução espiritual.

Lucy, em vidas passadas, cometeu muitos erros, reencarnou várias vezes em planetas diferentes. É uma forma que Deus nos dá de resgatar nosso espírito de entidades vingadoras e acelerar nossa evolução. Mesmo assim, Lucy, em momentos difíceis, desacreditara em Deus e voltara a fazer o mal. O seu espírito passou uma grande temporada numa esfera paralela à dos seres inteligentes onde Julian esteve, mas a diferença é que a esfera em que Lucy esteve continha apenas espíritos de difícil aceitação de evolução. Depois de várias reencarnações, os espíritos são levados para lá e ficam sem contato com os mundos e outros planos que os limitam de praticar o mal em todas as direções. Protegido por uma superfície curva em todas direções, onde as energias não se expandem a fazer o mal, o espírito permanece como chega até permitir-se a evoluir. Para isso, é preciso aceitar sua provação com humildade e reconhecer seus erros. Só assim os seres superiores, de inteligência suprema, podem resgatá-lo.

Enquanto o ser não aceita a limpeza do espírito, não é possível resgatá-lo para a parte superior do planeta, onde os seres inteligentes trabalham na limpeza energética dos espíritos que concordam em melhorar. O ser inteligente quase não toca o solo com os pés, pois sua cabeça gigantesca lhe dá uma leveza que o faz flutuar ao se deslocar de um lado para o outro, enquanto os espíritos isolados, de baixa esfera, rastejam. Eles trazem consigo todo o peso de suas vidas anteriores. Ficam rastejando pelo solo por séculos. Sentem frio e fome o tempo todo. Trazem na mente todos os seus erros, permitindo-se o arrependimento ou a revolta. Lucy só se permitiu seu resgate depois de quase um milênio, quando foi ajudada por Julian.

Lucy passou a reencarnar no planeta Terra na esperança de evoluir, mas a essência vibratória ainda era pesada e de padrão inferior nos primeiros anos. Ao dormir, ela se desprendia do corpo e voltava para onde ficara junto aos espíritos rastejantes para relembrar-se de que precisa evoluir: é um choque térmico para o espírito lembrar que já esteve por lá e não querer voltar enquanto tudo não estiver resolvido. Julian visitava o planeta inteligente para receber radiação de luz. A radiação dos seres ilumina a parte superior do planeta como o Sol, a Lua, as estrelas e outros. Suas cabeças transparecem luz.

Julian contava que era a coisa mais linda que já vivera. A importância destes seres é grandiosa. Toda a energia vibratória e todas as ideias de progresso dos mundos surgem neste planeta. A natureza é a primeira a sentir esse impacto vibratório de energias dos seres inteligentes. Somos energias, filhos da natureza. Quando o padrão dos mundos está em atrito, a energia se expande em algum ponto de nosso planeta. É quando ocorrem os desastres como maremotos, terremotos, furações, vulcões etc. Tudo isso faz parte da energia que emanamos para o universo. Tudo que emanamos para a natureza, ela devolve, de bom ou de ruim. Vejamos o que estamos plantando para colhermos. Se plantei flores, colho flores. Se plantei espinhos, colho espinhos. O Livro de Apocalipse fala que muitos desastres irão acontecer, doenças incuráveis e muito mais.

A espiritualidade pede: ora e vigia, aproveita o tempo que ainda tens. Cada segundo importa. Nunca é tarde. Nosso tempo é precioso. Vamos seguir o exemplo de Julian, e tantos outros irmãos que passaram por este planeta deixando o seu melhor. Como Jesus disse: *se me segues, chegarás até o nosso Pai, que está no céu.*

Lucy perdera muito tempo, mas começava a se redimir com mais sabedoria e a aprender a ouvir. Três dias após falar com Jackson, ela entregou todos os documentos e estava pronta para começar sua nova jornada de trabalho.

Estava feliz trabalhando com Jackson. No começo ficou um pouco apreensiva, mas logo foi se acostumando e passou a olhar o chefe com outros olhos, ao ponto de se tornarem bons amigos. Todos os dias os dois almoçavam juntos e aproveitavam para conversar um pouco. Lucy foi percebendo que Jackson era diferente das outras pessoas: era calmo e parecia nunca estar irritado. Tratava todos muito bem. Resolvia tudo com paciência.

Num certo dia, Lucy não se conteve e lhe fez uma pergunta.

— Jackson, como consegue ser o tempo todo tão pacifico? Nunca o vi irritado, nem sequer aborrecido. — E brincou — Ensine-me esta receita! Estou precisando.

Jackson olhou para Lucy, deu um belo sorriso e disse:

— O segredo é ser feliz.

Mais uma vez, Lucy perguntou:

— Mas como consegue ser feliz num mundo tão injusto e tão difícil de se viver?

— É simples. Vivenciando os ensinamentos de Jesus.

— Como acreditar em Deus se ele nunca está presente quando mais precisamos?

— Para que Deus possa estar presente é preciso mantê-lo sempre por perto. Dentro de nossos corações. Por exemplo, você precisa do trabalho, certo?

— Sim.

— Então você vem até o trabalho, não é? O trabalho não vai até você.

— Sim, mas o que tem a ver uma coisa com a outra?

— Tudo. Assim é com Deus. Temos que buscá-Lo. Nós é que precisamos d'Ele, não Ele de nós. Se quisermos nos encontrar com Deus, precisamos alimentar o nosso espírito.

Lucy ficou pensativa por alguns minutos e voltou a perguntar

— E como fazer isso?

— Lucy, você quer mesmo saber? Vou lhe fazer um convite. Eu e minha família frequentamos um lugar chamado Amor e Caridade, que nos ensina a entender o porquê de estarmos aqui e aonde vamos após a morte do corpo físico. Assim, vamos nos tornando pessoas cada vez melhores. Entendemos o que viemos fazer aqui e por que viemos.

Lucy ficou encantada com a explicação de Jackson e aceitou o convite. Jackson passou o endereço e o horário para ela, que agradeceu e disse:

— Pode esperar que vou.

— Vou aguardar. Será um prazer tê-la em nossa casa de oração.

Jackson já avisara a família que havia contratado Lucy para a vaga de líder havia dois meses. Elisabeth, sua esposa, não gostara de saber que Lucy estava trabalhando com Jackson, afinal fora ela que aprontara na antiga empresa, responsabilizando-o pelo roubo. Ela não entendia por que o marido contratara a antiga chefe. Elisabeth se abriu com Julian sobre o assunto e a jovem, com doçura, disse:

— Mamãe, não se preocupe. Deus está no comando de tudo. Ele é que permitiu que papai desse a ela o emprego. Logo a senhora vai entender.

Elisabeth não entendeu nada que a filha disse.

— Lá vem você com seus mistérios!

— Mamãe, se prepare para conhecê-la e a recebê-la com carinho. Deus trabalha em nossas vidas dessa forma.

Elisabeth escutou com atenção tudo que a filha disse e perguntou:

— Como assim, filha? Nós nem a conhecemos!

— Sim, mamãe. Tem mais, ela vai frequentar nossa casa.

Elisabeth ficou pensativa com as palavras da filha, pois sabia que quando Julian dizia algo assim, a coisa sempre acontecia.

Dias depois, Jackson, assim que chegou do trabalho, avisou a família que Lucy iria à palestra. Naquele momento, Elisabeth olhou para a filha e se lembrou do que ela lhe dissera. A esposa olhou para Jackson e perguntou:

— Foi você que a convidou?

— Sim, Elisabeth.

E ela respondeu:

— Como ela aceitou? Você me disse que Lucy não acredita em Deus.

— Sim, mas tudo tem sua hora. Quem sabe não é a hora de Lucy conhecer Deus? Estamos aqui para ajudar, concorda?

— Sim, claro. Deus nos ensina a perdoarmos.

— Querida, sabia que ia entender, pois Lucy precisa muito aprender a acreditar em Deus. Estamos aqui para ajudar o próximo e ela tem muito pra aprender com Julian. A sabedoria que Julian tem com as palavras vai abrir a mente de Lucy.

Julian trouxe muita sabedoria do planeta dos seres inteligentes. Esse planeta também é chamado de constelação. Tudo é imaginário, mas, para Julian, que lá vivera por séculos, tudo era real. Esse local nos ensina que as energias entre seres de toda espécie são de inteira importância, pois desde o princípio surgimos das energias entre dois seres, masculino e feminino, no ato da relação sexual para procriar, que se expande, eleva o esperma ao óvulo que forma uma terceira energia, chamada feto. Após nove meses de formação deste corpo, a criança ao nascer termina a ligação do espírito ao corpo, muitas das vezes milenar.

Este novo corpo que o espírito recebe é um presente para uma nova chance de evolução espiritual; o presente deve ser bem aproveitado, a cada segundo. Quando mal aproveitado, muitas vezes perdemos a chance de voltar ao planeta Terra e somos levados para mundos primitivos, inferiores ao nosso. O sofrimento é intenso, pois a energia destes mundos planetários inferiores é difícil de aceitação para o espírito que já viveu no planeta Terra. É onde ficam os seres rastejantes de uma das mais baixas esferas. Quando bem aceito o sofrimento, com paciência, o espírito tem a chance de, em uma única existência, pagar todos os seus débitos atrasados. Os anos e dias destes mundos primitivos são contados de forma diferente ao planeta Terra. Após terminar sua existência naquele mundo, os espíritos voltam ao nosso planeta para mais uma experiência e um novo recomeço. Alguns, os mais humildes, vêm com séria missão de ajudar outros espíritos a progredir.

Julian, tendo vivido com seres superiores restritos apenas na beleza para proteção das tentações da carne, mesmo assim veio em missão de amor ao próximo. Os seres que vivem no planeta inteligente não nascem de uma relação sexual, já chegam lá com um novo corpo plasmado e transformado por Deus e são levados por espíritos de luzes em forma de bebê. São então colocados em uma parte externa de visível acesso bidimensional, uma área geométrica com duas dimensões onde os seres inteligentes fazem a separação dos corpos que vão habitar na parte superior e os que irão para a parte inferior do planeta. Esta separação dos seres se dá de acordo com a energia fluídica de cada um, e são levados para cada local conforme com seu grau de desenvolvimento. Mesmo assim, se os seres que estão na parte rastejante não se regenerarem após o desencarne, voltam ao plano espiritual e passam novamente por todo o processo de preparação, e são levados para outro planeta inferior até que aceitem a evolução espiritual. Julian, como estava na parte superior, não teve um desencarne como ocorre no planeta dos seres rastejantes. Ela passou por um processo de limpeza corporal em que se deixa o corpo e sai em espírito para o plano espiritual, algo mais sutil, com mais leveza.

VI

Lucy começou a ir às palestras aos sábados. Na primeira vez em que assistiu uma palestra de Julian, ficou impressionada com a sabedoria com que a moça se expressava. As palavras dela pareciam flutuar em sua mente, deixando-a com o coração mais leve. Era a primeira vez que ouvia alguém falar sobre Deus de maneira que tocava seu coração. Lucy ficou encantada. Ao terminar a palestra, Jackson apresentou à sua família a colega, que parabenizou Julian pelas belas e sábias palavras. Ao cumprimentar Willian, Lucy ficou surpresa, e o moço ainda mais, ao saber que a mulher que prejudicou sua família era a jovem encantadora que enfeitava suas manhãs todos os dias. Jackson percebeu algo estranho e disse:

— Vocês já se conhecem?

— Seu filho trabalha na padaria perto de minha casa. Não é?

— Sim, então se chama Lucy, senhorita?

— Sim, mas vamos deixar as formalidades. Então, é filho de Jackson?

— Quem diria que seríamos apresentados logo pelo meu pai. Estou surpreso.

— Verdade, também estou surpresa.

— Então, o que você quer conosco?

O pai rapidamente o interrompeu e disse:

— Bem, filho, é uma longa história...

Lucy ficou um pouco desconcertada, mas Jackson foi logo dizendo:

— Então, Lucy, esta é minha esposa, Elizabeth.

Lucy virou-se para Elizabeth e disse:

— Ah, muito prazer.

E assim ficaram a conversar por alguns minutos; em seguida se despediram e foram embora.

Desde aquele dia em diante, Lucy não perdeu nenhuma palestra aos sábados, e aos poucos ela e Willian foram se aproximando cada vez mais. O tempo foi passando e os dois começaram a namorar. Lucy, que era uma pessoa orgulhosa, começou a se melhorar com a convivência com a família de Jackson. E foi se tornando uma pessoa cada vez melhor e mais feliz com Willian.

Alguns anos se passaram e os dois se casaram. Willian estava feliz da vida, pois havia conquistado seu grande amor. Para ele, era o casamento de seus sonhos. Tratava a esposa com carinho, pois a amava muito. Lucy, por sua vez, mal podia acreditar que sua vida havia se transformado. Ela tinha uma família novamente. Depois que seu pai desencarnou, ela não tinha mais ninguém. Lucy ainda via o espírito do pai, mas sabia que não era uma alucinação, e sim um contato de seus espíritos.

Mais algum tempo se passou e, na medida em que Lucy foi entendendo a doutrina, começou a receber cartas do pai, psicografadas por Julian. Com as mensagens, Lucy se sentia cada vez mais próxima da espiritualidade. Seu pai sempre a incentiva e continuava dizendo que ela estava no caminho certo.

Voltando à empresa, Lucy e Jackson estavam indo muito bem, pelo menos até que Rodolfo descobrisse que estavam trabalhando juntos. Rodolfo disse que fora demitido e não conseguia mais trabalho. Foi de mal a pior ao descobrir que Lucy estava bem ao lado de Jackson. Ele ficou revoltado e não entendia como Lucy conseguira trabalho na mesma empresa que Jackson. Passou, assim, a investigar. Descobriu que foi Jackson quem a empregou. Procurou pela antiga comparsa e pediu que arrumasse uma vaga para ele na empresa. Lucy negou e disse a Rodolfo que Jackson nunca permitiria que trabalhasse ali.

— Por que não? Ele a contratou. Qual é a diferença entre nós? Fizemos a mesma coisa.

— Sim, nem eu entendo como Jackson me deu este emprego.

Mas Rodolfo não se conformou com a resposta e continuou a insistir, até que começou a ameaçá-la.

O tempo foi passando e nada de emprego. Rodolfo continuou a incomodar Lucy, que não aguentou tanta pressão e levou o problema até Jackson, que imediatamente disse:

— Nem pense nisso, Lucy. Rodolfo aqui não daria certo. Se está lhe ameaçando é porque não mudou nada, continua o mesmo cafajeste de sempre.

Lucy, então, disse:

— Jackson, o que digo a ele? Já não aguento tanta pressão.

— Peça a ele que venha falar comigo, eu mesmo vou resolver isso.

— Tem certeza, Jackson?

— Sim, Lucy, deixe comigo, falarei com ele de homem para homem, e o farei entender que não tem chance de trabalhar aqui. Eu o colocarei em seu lugar.

Lucy esperou Rodolfo procurá-la novamente e disse que Jackson iria recebê-lo para uma conversa em hora a ser avisada a ele. Rodolfo agradeceu, se despediu de Lucy e foi embora. A entrevista foi marcada para dali a dois dias.

Voltando a vidas passadas, em que viveram na mesma reencarnação, Jackson e Rodolfo eram irmãos, mas a convivência entre os dois não era das melhores. Viviam sempre em conflitos e tudo piorou quando Jackson conheceu Lucy, uma jovem e linda moça, cuja beleza chamava a atenção de muitos. Desde a primeira vez em que Jackson a encontrou, ficou encantado por Lucy. Tempos depois, Jackson conquistou-a e começaram um namoro que não foi muito longe.

Rodolfo, um jovem muito invejoso, sempre querendo provar que era melhor que seu irmão, começou a cortejar Lucy e a lhe agradar com presentinhos sem que Jackson percebesse. A jovem, muito vaidosa, aceitava os presentes de Rodolfo, sempre às escondidas. Pouco tempo se passou e Lucy se apaixonou pelo irmão do namorado. Ela terminou o namoro com Jackson e começou a namorar Rodolfo, que, por sua vez, enchia o peito para falar de sua namorada, pois se sentia superior por ter tomado a amada do irmão e dizia que Jackson não tinha capacidade de se relacionar com uma mulher como Lucy. Sempre que estava em uma roda de amigos, ficava a comentar sobre essas coisas desagradáveis, sobre seu irmão, e conversa vai, conversa vem, Jackson ficou sabendo do novo namoro da ex-namorada.

Enfurecido, ele foi tirar satisfações com Rodolfo, que, por sua vez, não demonstrou se importar com o que seu irmão estava sentindo. Para Rodolfo, só importava seu orgulho e estar ao lado de Lucy. A mulher era, para ele, um troféu. Jackson, que já vinha abatido com o término do namoro, ficava a cada dia mais triste. Amava Lucy e sempre dizia que morreria amando-a, pois era a mulher de sua vida. Cada vez que Jackson via os dois juntos partia seu coração em pedaços. Estava muito magoado com seu irmão. Os dois já nem se falavam mais desde que Rodolfo começou o namoro com Lucy. Os pais dos irmãos estavam muitos preocupados com a situação dos dois filhos e não sabiam mais o que fazer para alegrar Jackson. A tristeza o consumia.

Rodolfo se casou com Lucy. O tempo foi passando e o marido começou a pedir que ela lhe desse um filho. Lucy não conseguia engravidar e o casamento dos dois foi se desgastando.

Rodolfo queria muito ser pai. Cinco anos se passaram e nada de gravidez. Jackson, a cada dia mais debilitado ao ver os dois juntos, perdera a vontade de viver, já não se alimentava mais, não queria nada da vida e passava o dia todo de cama. Sua mãe, mais e mais preocupada, já não sabia o que fazer. Jackson foi definhando até desencarnar sem resolver a pendência com o irmão; não conseguia perdoá-lo. Rodolfo e Lucy chegam aos vinte anos de casamento, sem filhos. Ela, por sua vez, achava impossível gestar na idade em que se encontrava.

Jackson, no plano espiritual, recebera a informação de uma nova reencarnação no planeta Terra, mais uma experiência. Lucy, que já não tinha nenhuma esperança de ter filhos, de repente descobriu que estava grávida e, para surpresa do casal, nasceu um lindo menino que recebeu o nome de Emanuel. Com o nascimento do filho, Lucy já não tinha tanto tempo disponível para o marido. Como não esperava mais ter filhos, sentia-se velha para ser mãe com a chegada de Emanuel; era com desconforto que cuidava do filho, por obrigação, pois, com a sua idade, não tinha paciência para cuidar de uma criança. Aos poucos, com o crescimento do bebê, Lucy começa a se sentir mais confiante ao cuidar do filho e foi desenvolvendo um carinho por Emanuel, verdadeiro amor de mãe. Rodolfo, por sua vez, sentia cada vez mais rejeição pelo filho, e sempre dizia que queria muito ter um filho quando era mais jovem, não agora, depois de velho. A esposa lhe dera um filho depois de tantos anos... Rodolfo se irritava com o choro do menino, não tinha paciência, e assim Emanuel foi crescendo sem o carinho do pai. A cada dia que passava Rodolfo se irritava mais com a criança. Lucy não entendia tanta rejeição, Rodolfo nunca dera carinho para o filho. Emanuel, com a rejeição do pai, também não conseguia sentir carinho por ele. Lucy não entendia a razão pela qual Rodolfo não gostava do filho.

A explicação é que existem casos em que o espírito se nega a ser filho de um casal por conta de situações diversas de vidas passadas. Isso ocorre quando uma mulher tenta gestar por vários meios de tratamento e mesmo assim não consegue; e, quando acontece de engravidar e acaba perdendo o feto, muitas das vezes o que ocorre é a rejeição do espírito, que não quer ser filho daquele casal. Quando, depois de muitas tentativas e várias perdas, a mulher acaba engravidando, pode ser alguém que já conviveu na mesma família e desencarnou, e aceita vir como filho daquelas pessoas, já que, na vida existente ao seu desencarne, viu a luta e a tristeza do casal tentando ter filhos e não conseguindo. Depois do desencarne, o espírito, que já esteve ligado àquela família recentemente, tem pena desta mulher ao ver que os espíritos estão rejeitando-a como mãe. Este que desencarnou na família, talvez até recentemente, depois de passar pelo tratamento necessário, aceita fazer a vontade daquela mulher que quer ser mãe, vindo como filho de seu próprio filho ou neto, para resgatar outros débitos por caridade.

Há também aquelas mães que já cometeram muitos abortos e não conseguem engravidar; são chamadas de árvores secas, a árvore que não dá frutos. Depois que o espírito já passou por todo o processo para reencarnar, é trazido para um plano onde ficam os espíritos que desencarnaram recentemente. Este plano espiritual é o mais próximo da Terra e é dividido em duas partes, uma para os que desencarnam e outra para os que vão reencarnar. Os espíritos que já desencarnaram ficam neste plano até que se restabeleçam e sejam levados para outro plano espiritual. Enquanto o espírito está neste plano, pode, se tem merecimento, levar mensagem como psicografia; são espíritos que ficam por longo tempo neste plano espiritual por escolha de trabalharem organizando as psicografias e os trabalhos entre os desencarnados e encarnados, as comunicações e os resgates dos espíritos que se encontram ainda sobre a Terra.

Os espíritos que vão reencarnar ocupam outra parte deste plano, ficando em retiro e acompanhando a mãe ou o pai desde os primeiros meses de gravidez, ou até mesmo antes da gravidez, junto àquele com quem tenham mais afinidade.

Quando o espírito tem mais afinidade com o pai, ele já vem ao longo do tempo acompanhando-o, esperando ser fecundado. Após a fecundação, ele passa a acompanhar a mãe pois parte do seu espírito já se ligou ao feto, que está na barriga da mãe; estará sempre ao lado dela, ajudando a zelar pelo feto, que será o seu envoltório do espírito, "A Matéria". Se houver um aborto espontâneo, o espírito volta a acompanhar o pai até que ele engravide a mesma ou outra mulher.

Quando a afinidade é maior com aquela que será sua mãe, o espírito fica ao seu lado até que ela possa ter condições de trazê-lo ao mundo através de seu próprio corpo; ou pode nascer no corpo de outra mulher e acaba por parar nos braços de sua mãe espiritual. Por isso, dizemos que não existem filhos adotivos, o filho é filho de quem tem que ser mãe. Nunca devemos julgar uma mãe que abandonou seu filho porque, muitas vezes, é necessário. Aquela mulher só emprestou seu útero para o espírito vir ao mundo. O julgamento só cabe vir de Deus, que sabe de todas as coisas.

Ninguém sabia que Emanuel era reencarnação de Jackson. Parecia que Rodolfo sentia a energia como se Jackson estivesse por perto, sentia uma energia que não o deixava à vontade para se aproximar do filho. Era como se Emanuel tivesse vindo para roubar-lhe a esposa; sentia ciúmes do próprio filho. Emanuel sentia a rejeição do pai e ambos não se entendiam. Como Lucy não conseguia engravidar e Jackson precisava resolver as pendências com o irmão, Deus deu-lhe a oportunidade de tê-lo como filho. Jackson reencarnou como filho de Rodolfo para haver o perdão entre os dois, pois sua pendência já vinha de longos séculos. Quando há muita dificuldade de dois espíritos se perdoarem, Deus dá a oportunidade para rever um entendimento entre os dois espíritos.

Tempos depois, Emanuel já se encontrava com 12 anos de idade, e Rodolfo desencarnou em um acidente. Lucy sentiu muito pela perda do marido mas, aos poucos, com o amor do filho, foi se recuperando e seguiu em frente.

Algum tempo após sua partida, Rodolfo ainda não tinha consciência do seu desencarne. Ao reconhecer e aceitar a perda do corpo físico, por se encontrar do outro lado da vida, ele queria uma chance para rever a família, um recomeço. Concedida a oportunidade de uma visita à família, Rodolfo recebeu energias fluídicas do plano espiritual e veio ao encontro de Lucy, junto com outros irmãos de luz. Ele estava ansioso para revê-la; ao chegar ao seu antigo lar, encontrou Lucy dormindo, aproximou-se e beijou-a na testa.

Lucy sentiu a presença do marido e se assustou. Acordada, ela se levantou, foi até a cozinha, tomou um copo d'água e voltou para o quarto, pensativa. Rodolfo acompanhou a esposa. Lucy passou pelo quarto do filho e deu-lhe um beijo no rosto.

Quando Rodolfo foi ver Emanuel, reconheceu seu espírito como Jackson. Surpreso, ele achou que Lucy está o traindo com Jackson. Naquele momento, Rodolfo sentiu ódio e foi sugado, através do sentimento negativo, para a masmorra onde estão os espíritos que se encontram na mesma frequência vibratória. Ele não podia voltar para o plano espiritual onde se encontrava antes; ao sentir ódio, ele perdera seu padrão vibracional, que não condizia com o do plano de onde viera.

Rodolfo passou um longo período alimentando ódio e desejando se vingar de Lucy e Jackson. Anos depois, em uma de suas vindas ao planeta Terra, Rodolfo se deparou com Lucy ao lado do filho, em uma cerimônia de casamento em que Emanuel (o espírito de Jackson) estava se casando com uma linda moça. Rodolfo não entendeu nada, ficou totalmente conturbado, o ódio não permitia que enxergasse que Emanuel era seu filho, e ficou a pensar, tentando entender.

Finalmente se lembrou de que ele e a esposa tiveram um filho e que não tinha porque se vingar dos dois. Continuou, porém, a pensar: *Como pode Jackson ser meu filho?* Pois eram irmãos!

Naquela confusão de pensamentos, abriu-se uma porta no seu coração. Rodolfo já não sentia mais o mesmo ódio. Naquele momento, resgataram-no irmãos que ficam no plano acima de onde estava; após o resgate, aqueles irmãos esclareceram tudo a Rodolfo e lhe ofereceram uma nova chance de reencarnar numa próxima existência, os três juntos.

Rodolfo se recusou a nascer na mesma família que Jackson, disse que isso não daria certo, já haviam tentado e não fora uma boa experiência. Como tinha livre-arbítrio e escolha, não era obrigado nascer na mesma família que Jackson, e assim Rodolfo ficou à espera do momento de seu novo nascimento.

Enquanto isso, Lucy desencarnou e foi para o mesmo plano em que Rodolfo se encontrava. Anos se passaram, Emanuel desencarnou e foi levado para uma colônia espiritual onde os espíritos mais elevados se encontravam. Antes do desencarne do seu pai, Emanuel havia perdoado aquele que sempre o desprezara.

VII

Quando desencarnamos, somos levados para o plano espiritual de acordo com o nosso grau de evolução e afinidades com outros espíritos. Tudo se percorre de acordo com o que fazemos enquanto estamos aqui, neste mundo de provas e expiação; de passagem, se aproveitamos bem nosso tempo no planeta Terra. Nas colônias mais baixas, os espíritos que lá se encontram estudam e trabalham no resgate de outros irmãos, os que estão nas masmorras e em outros vales. Quando estão prontos para melhorar, são levados para outras colônias.

Alguns espíritos preferem ficar mais tempo no plano espiritual se depurando através de trabalhos duros, e estudam para não falhar na próxima reencarnação. Após passarem por vários graus de colônias diferentes, chegam à sala em que todos os espíritos relembram suas falhas do passado e são, então, designados por Deus ou pela própria escolha. Alguns espíritos escolhem reencarnar em mundos primitivos em missão de ajudarem outros seres a evoluir; esta é uma missão de amor ao próximo, que agrada muito a Deus.

Existem muitas coisas ocultas que passam despercebidas em nossos olhos. Quando falamos do que é oculto só pensamos em espíritos, mas há muito mais coisas ocultas que estão todo o tempo em nosso meio, às quais não damos o devido valor. Vamos parar um minuto para uma breve reflexão.

Veja, observe o Sol. Sentimos o seu calor e vemos a sua luz, mas não o tocamos; o mesmo com as estrelas. O ar: não vemos, mas sentimos e respiramos e, no entanto, é oculto; o vento também é oculto, não vemos, mas sentimos, não podemos tocar, mas, quando muito forte, provoca destruição por onde passa. Vemos tudo o que ele provoca, mas não temos a visão do vento. Vemos, porém, os furacões que o vento provoca.

Assim são as moradas do Pai: não as vemos, mas elas existem, assim como os espíritos, para muitos, são ocultos; eles existem desde que o mundo é mundo. Veja: Moisés proibiu o contato com os espíritos. Mas como Moisés iria proibir algo que não existe? Se não existisse, não haveria proibição. Moisés proibiu os contatos com espíritos devido ao mau uso da mediunidade. Não se pode usar a mediunidade para seu próprio benefício, para se promover melhor que outrem ou para usar como comércio. Deus disse: *Dá de graça o que de graça recebeste*; a mediunidade é um bem precioso que Deus nos concedeu para ajudar o próximo com amor e caridade.

Todos temos mediunidade, mas alguns vieram em missão de trabalhar para espalhar o Evangelho segundo a vontade do Cristo, como os membros dos templos religiosos que respeitam seus fiéis. Todos, sem exceção, como padres, pastores, bispos, papas, palestrantes espíritas e outros homens e mulheres como madre Tereza de Calcutá, Gandhi, Chico Xavier e muitos outros. Eles estão a trabalho do bem junto ao Espírito Santo; recebemos mensagens do plano espiritual para agrupar o povo de Deus. São espíritos iluminados, espíritos de luzes os intercessores de nosso senhor Jesus Cristo.

Como queiram chamá-los, eles estão o tempo todo nos intuindo a fazer o bem como anjos da guarda. À medida que vamos crescendo, vamos adquirindo mais guardiões, de acordo com nossos pensamentos e conduta. Recebemos ajuda ao exalarmos energias fluídicas que estão ligadas às de parentes ou amigos que já se encontram do outro lado, espíritos que estão na mesma frequência vibracional.

Jesus disse: *Orai e vigiai vossos corações, pensamentos e palavras*. A espiritualidade nos alerta: se emanamos energias positivas, recebemos energias positivas; se emanamos energias negativas, recebemos energias negativas. É fundamental seguir os bons exemplos de Jesus Cristo e de muitos outros cristãos que estiveram em nosso planeta, aproveitar nosso tempo nesta escola chamada Terra para a evolução de nosso espírito, vivenciar mais as Escrituras, focar no que tem de melhor neste Livro Sagrado.

Vamos prestar mais atenção na natureza e sentir a cada dia Deus mais próximo de nós. Vamos dar mais valor à vida, agradecer mais e reclamar menos. Lucy só reclamava que Deus é oculto, que não a ouvia, enquanto a culpada por tudo que lhe acontecia era ela mesma, todos os fatos eram de sua inteira responsabilidade. Vamos deixar de culpar o outro pelas nossas falhas. Vamos fazer por merecer a nova chance que o Pai nos dá a cada dia, de abrir os olhos e ver um novo dia raiar como um pássaro que voa nas matas, no mais alto das florestas. Vamos deixar nosso espírito evoluir ao ponto de voar como um pássaro, sentir a brisa do mar, fazer o Sol da manhã brilhar dentro de nós, e seremos capazes de passar por nossas provas e expiações no tempo de Deus sem nos ofuscarmos.

Se bem aproveitada for a nossa experiência no planeta Terra após passarmos por provas e expiações, somos levados diretamente para as colônias; se mal aproveitada, entre maldades e desatinos, somos levados junto aos espíritos de mais baixo calão; dependendo do grau de desatino do espírito, ficamos juntos até mesmo de espíritos que já perderam a forma humana por passar muito tempo sem aceitar o perdão e o resgate. Estes espíritos vampirizam humanos que dão aberturas através do pecado, envolvendo-os cada vez mais nos erros, vícios etc. Ao vampirizar os encarnados, estes espíritos se assumem em forma humana e conseguem energias para irem até os umbrais e convencem os espíritos que lá se encontram a lhes acompanharem, dizendo que onde vivem é um bom lugar em que não há sofrimento. Os espíritos que se encontram nos umbrais estão em sofrimento e o que mais querem é se livrar da dor. O que eles não sabem é que nas masmorras, junto àqueles espíritos, o sofrimento é muito pior. Ao aceitar acompanhá-los, eles são amordaçados e ficam como escravos a favor destes espíritos trevosos, ficam presos a fazerem a maldade que eles ordenarem.

A maioria se arrepende, mas é tarde: neste caso, fica muito mais difícil o resgate dos espíritos mesmo se arrependendo. Eles são vigiados dia e noite para que sejam dificultadas as atividades dos espíritos trabalhadores de luzes, que laboram no resgate destes irmãos para melhorar a evolução espiritual. Os que não se arrependem, que carregam ódio em seus espíritos, são soltos e recebem ordem de trabalhar na destruição dos mundos com as guerras, a corrupção, as fraudes, o álcool, as drogas e muitas outras maldades.

Com o tempo, todos se cansam de ficar presos e aceitam trabalhar para espíritos disformes. Muitos, então, quando estão em trabalhos para estes espíritos trevosos, dependendo da ordem que recebem, arrependem-se, e surge a chance de serem resgatados, nos trabalhos nos umbrais ou no planeta Terra. É mais fácil para os espíritos de luzes resgatá-los e levá-los para as colônias primitivas mais baixas, para um novo começo, e então vão passar pelo processo de aprendizagem, por várias colônias até estarem prontos para uma nova reencarnação. Esses espíritos levam mais tempo para reencarnar, e geralmente reencarnam em planetas muito mais atrasados que a Terra.

Os espíritos que, depois de muitas reencarnações, já encontraram seu grau de evolução espiritual no planeta Terra e em outras moradas do Pai, são levados após seu desencarne – ou morte, como muitos costumam dizer – para colônias que são um verdadeiro paraíso, onde já não há mais sofrimento. Ali se goza a felicidade suprema que Jesus nos prometeu desde que esteve na Terra. Neste paraíso, os espíritos trabalham só emanando energias positivas em prol do fortalecimento de outras colônias onde ainda se encontram irmãos que necessitam de evolução.

Os desencarnados que saem direto da Terra para as colônias iluminadas são levados para um centro de reabilitação para que se livrem dos miasmas que levam daqui, dado o apego aos familiares que se encontram em sofrimento pela perda de seu ente querido. No centro de reabilitação, recebem tratamento de aceitação da perda do corpo físico e se livram das energias de apego aos familiares. Recuperam-se mais rapidamente e aprendem que seu tempo na Terra acabou.

Existem aqueles que passam mais tempo em tratamento quando a família demora mais para aceitar a sua perda; quanto mais os familiares sofrem, mais sofrimento chega ao desencarnado, pois as energias ficam interligadas. A única certeza que temos é a de que aqui chegamos e um dia vamos partir; essa é a única certeza que temos na vida, embora ainda seja muito difícil aceitarmos. Mas é assim que prossegue a vida; aqui é só uma passagem por um tempo determinado para o desenvolvimento espiritual.

Esse tempo é o tempo de Deus. Quando amamos um filho e esse filho se encontra preso, o dia da libertação é um dia de glória. A Terra é uma prisão para os bons espíritos e, quando chega a hora de libertar seus filhos amados, para Deus é uma verdadeira vitória. Veja o exemplo: Deus colocou sobre a Terra o espírito mais puro que já esteve neste planeta, Jesus, para passar por uma temporada por aqui para nos ensinar o caminho, a verdade e a vida usando seu próprio sofrimento como exemplo. Mas, quando seu destino se cumpriu, sua hora chegou, e ele voltou para casa de seu Pai. Por que seria diferente conosco, que somos pecadores desobedientes a Deus, como Lucy e Rodolfo? Tudo está ligado ao Pai; não cai uma folha de uma árvore sem que Deus queira. Fazer com que nosso tempo seja precioso para Deus só depende de nós, assim que tivermos a consciência de nossos valores como ser humano e soubermos a importância de um sorriso, de um abraço, de uma palavra amiga para o bem da humanidade.

Nosso potencial chega ao estágio avançado daquilo que existe dentro de cada um de nós; a felicidade é individual e só depende de nosso estado de espírito. Pertence exclusivamente a cada um de nós e não vamos permitir que os bens mundanos conduzam nossos valores. Somos livres, temos o nosso livre-arbítrio para buscar a felicidade do espírito, que é o que importa: buscando a felicidade do espírito, Deus conduz o que nos falta, acrescentando o que nos é de direito. É nos pequenos gestos e nas pequenas coisas que encontramos os mais depurados valores, em nossas pequenas ações e atos. Quase sempre é preciso que o sofrimento chegue até nós para que abra os nossos olhos. Veja o exemplo de nossos personagens: quantas vidas viveram juntos para reparar seus erros? E, mesmo assim, nem sempre o espírito consegue repará-los.

E assim prossegue a vida. Deus nos deu a chance de mudar, é preciso que aceitemos a evolução individual de cada espírito. Quando desencarnamos, muitas vezes ficamos presos à matéria e aos familiares. É preciso se desligar destas energias, entre encarnados e desencarnados, para que o espírito possa voar bem alto, até o Pai que está no céu esperando pelos seus filhos, espera-os de braços abertos. Deus nos colocou aqui apenas por uma temporada; acabando-se o tempo determinado por Ele, é necessário voltar à nossa verdadeira casa, que é a vida espiritual. Deus jamais deixaria seus filhos presos por mais tempo que o necessário se esse espírito já pagou todos os seus débitos. Ele os acolhe com amor e fraternidade, por isso devemos seguir os exemplos de Jesus Cristo. Jesus esteve na terra por um determinado tempo e assim que se cumpriu sua obra, determinada por Deus, ele voltou ao plano celestial, não teve nenhum minuto a mais e nenhum minuto a menos. E assim se percorre a vida, com cada um de nós tudo ocorre no tempo certo e na hora certa, pois o tempo é o de Deus, e tudo está ligado nas mãos d'Ele, que está no céu. Todos temos a hora da chegada e a hora de partida, estando o espírito pronto ou não, pois a verdadeira felicidade só encontramos dentro de nós mesmo, só depende de nós. E, assim que tivermos consciência do nosso valor como seres humanos e reconhecermos importância de um sorriso, um abraço, um aperto de mão, do nosso potencial para o bem, atingimos um estágio avançado, aquilo que todos procuramos. A felicidade depende do nosso estado de espírito, pertence exclusivamente a cada um de nós e devemos evitar pensamentos negativos, que nos põem para baixo. O auge da nossa felicidade surge no momento que damos importância às nossas pequenas e boas ações, e conseguirmos enxergar o que é oculto aos nossos olhos.

VIII

Lucy, Rodolfo e Jackson tiveram que buscar um novo reencarne juntos para consertar o que estava errado e se perdoar para aprimorar seus espíritos, mas, mesmo assim, nem sempre o espírito consegue.

Lucy, após passar por tanto sofrimento, resolveu mudar seu estilo de vida e, mesmo assim, foi atormentada por Rodolfo, que não conseguiu deixar a maldade para trás. Ela tentava melhorar, enquanto Rodolfo só pensava em se vingar, planejando acabar com a vida de Jackson. Lucy seguia sua vida, feliz, frequentando o centro e vivendo o casamento com Willian.

Rodolfo se encontrava possesso com a felicidade da família. O tempo passava, Lucy engravidou e teve uma linda menina que se chamava Mirian. Tudo estava perfeito para Lucy, enquanto Rodolfo alimentava ódio em seu coração e pensava em executar o seu plano de acabar com a felicidade de Lucy e Jackson.

Rodolfo comprou uma arma e se preparou para acabar com a vida de Jackson. Passou a vigiar os seus passos, para que, no momento certo, pudesse dar cabo do ex-colega. Jackson ia todos os dias para o trabalho no mesmo horário em seu carro. Entretanto, Rodolfo, no dia em que planejou o ataque, não imaginou que tudo poderia dar errado.

Era uma sexta-feira. Jackson precisou acompanhar Julian para um exame médico de rotina, já que era um homem muito preocupado e sempre que podia a acompanhava nos exames para saber como estava a evolução da saúde da filha. Elizabeth, que sempre a levava, já não podia, pois tinha que cuidar da netinha Mirian para que Lucy continuasse a trabalhar.

Naquele dia, Jackson usaria o carro de Elisabeth, porque William precisava do seu veículo emprestado. O marido tencionava deixar Lucy na empresa e, logo após, iria para seu trabalho.

O carro de Jackson tinha os vidros filmados, de modo que não era possível ver quem estava ao volante. Quando Willian chegou na empresa, o portão se abriu e Lucy entrou na fábrica, como sempre fazia; quando iam juntos, Jackson, então, costumava ir à padaria próxima.

Naquele exato momento, Rodolfo observava e viu que Jackson não desceu do automóvel, que estava de saída. Assim que Lucy entrou, Willian acelerou e passou bem próximo de onde Rodolfo estava de tocaia.

Ele disparou três tiros contra o veículo, em direção ao volante. William, baleado, perdeu a direção e bateu o carro. Rodolfo estava certo de que havia matado Jackson; como era de manhã bem cedo, ele pensou que ninguém o havia visto atirar. Ele se dirigiu ao seu próprio carro e saiu em disparada.

Porém, no banco de trás do automóvel alvejado estava um amigo de Willian, cujo nome era Maycom. Trabalhavam juntos, por isso o colega havia tomado uma carona com o casal naquele dia. Maycom anotou imediatamente a placa do carro de Rodolfo; após, saiu a pedir ajuda, ligando para a ambulância.

Enquanto isso, outras pessoas chegavam ao local. Maycom pediu que ficassem com Willian por um instante até a ambulância chegar. Saiu, então, em disparada até a fábrica para avisar Lucy, que, ao receber a notícia, correu até o local do acidente e viu Willian desfalecido. Gritou, desesperada, agarrada ao seu corpo e se perguntou por que fizeram isso com o marido, pois nunca soube que ele tivesse algum inimigo.

Jackson ia acompanhar a filha ao médico; antes que saísse de casa, o telefone tocou. Era Maycom na linha. Posto a par do acontecido, Jackson ficou em choque. Elisabeth, ao perceber, perguntou ao marido quem era ao telefone e por que estava assim tão pálido, com quem falara, o que estava acontecendo. Jackson não soube o que dizer e se calou por alguns minutos, depois disse:

— Mulher, temos que ser fortes, pois o nosso filho foi baleado.

Elisabeth entrou em desespero e perguntou:

— O que aconteceu com meu filho? Como ele está?

Jackson disse que o tinham levado ao hospital, e a esposa disse imediatamente que precisava ver seu filho. Assim todos foram para o hospital; lá chegando, Elisabeth encontrou Lucy aos gritos, dizendo que queria seu marido de volta, e questionando Deus, perguntando por que fizeram isso com ele. Wiliam estava com os médicos, que fizeram de tudo para trazê-lo de volta, mas foi inútil: Willian desencarnou.

Os médicos foram dar a notícia à família. Elisabeth não suportou a dor da perda do filho e desmaiou. A notícia chocou toda a família. Sabiam que já não havia nada mais a fazer por Willian.

Os médicos acolheram Elizabeth e fizeram com que voltasse do desmaio, mas ela, ao acordar, chamou aos gritos: *quero ver meu filho*! O médico pediu-lhe calma e disse que logo poderiam vê-lo, mas que não havia mais o que pudesse ser feito. Elisabeth se descontrolou e foi preciso que os médicos lhe aplicassem um sedativo. Horas depois, um pouco mais calma, acordou e pôde ver o filho, sob efeito de calmante.

Todos atravessaram a noite velando Willian, inconformados com o acontecimento. Lucy não conseguia entender, e seu desespero era grande. A noite se passou e, no dia seguinte, Willian foi sepultado. Todos voltaram para casa arrasados, tentando entender o que acontecera. Os dias passavam e Lucy se lembrou das ameaças de Rodolfo contra Jackson, e começou a desconfiar que Rodolfo cometera o ato contra Willian pensando que era Jackson ao volante. Ela procurou a delegacia para saber como andava a investigação sobre a morte de seu marido e comentou sobre a sua suspeita contra Rodolfo. Contou ao delegado que Rodolfo andava a ameaçar Jackson de morte, e informou-o de que, no dia que Willian fora morto, ele estava com o carro de Jackson, e que provavelmente Rodolfo pensava que fosse o pai ao volante e não o filho. Lucy pediu ao delegado que investigasse Rodolfo.

A investigação começou e Rodolfo foi chamado para depor. O investigado agiu com frieza e respondeu a todas as perguntas do delegado, e foi dispensado. Estava tranquilo, pois achava que a polícia jamais iria pegá-lo, afinal ninguém o vira.

Alguns dias depois, Maycom, amigo de Willian, foi chamado para prestar esclarecimentos. O moço, então, apresentou a placa do carro e descreveu a pessoa que atirou; dias depois, Rodolfo foi chamado novamente à delegacia e pensou: *Não estou gostando nada disso, será que estão desconfiando de mim? Mas se eu não for, será o mesmo que me declarar culpado.*

No dia seguinte, mesmo desconfiado, Rodolfo foi à delegacia e se apresentou. Ao chegar, foi levado para uma sala, onde seria realizado o reconhecimento. Em outro departamento da sala, Maycom estava aguardando para reconhecê-lo por uma janela de vidro escuro através da qual só ele tinha a visão. Rodolfo foi colocado de frente com a janela para o reconhecimento, e Maycom, ao vê-lo, disse:

— Sim, é ele mesmo, foi ele quem atirou em Willian.

O delegado perguntou:

— Tem certeza?

— Sim, eu me lembro bem porque me chamou bastante atenção a mancha escura do lado direito do rosto dele.

— Certo, Maycom, pode ir.

Do outro lado da sala, o delegado entrou com os policiais e deu voz de prisão a Rodolfo, que, desesperado, disse:

— Mas como pode me prender se vim só prestar um depoimento? Como pode, eu não matei ninguém! Quero um advogado.

E o delegado disse:

— Sim, você terá direito a uma ligação e pode chamar um advogado, pois vai precisar. Mas, por ora, o que tenho a dizer é que você foi reconhecido como culpado. Você nega?

Rodolfo respondeu que sim, negava.

— Fui reconhecido por quem?

— Não importa. Podem levar.

Os policiais algemaram-no e levaram-no para a cela junto aos outros presos. Rodolfo insistiu por um advogado.

No dia seguinte, o delegado permitiu que Rodolfo fizesse uma ligação aos seus parentes. Sua família ficou muito surpresa, mas foi à procura de um advogado do Estado para defender Rodolfo. O defensor não tinha muito o que fazer, tentou um *habeas corpus* para que seu cliente pudesse responder em liberdade, pois era réu primário, mas seu pedido não obteve sucesso.

O tempo foi passando e Rodolfo, preso sem previsão de liberdade, pensava em como se livrar daquele lugar, e começou a planejar uma fuga junto dos outros presos. Teve, então, a excelente ideia de cavar um túnel para fugir e começou todas as noites a escavá-lo; durante o dia escondia a terra e o lugar onde estavam escavando para que ninguém pudesse ver.

Do outro lado, Lucy sofria pelo desencarne do marido. Assim que foi passando o tempo de habituar-se ao plano espiritual, Willian vinha todas as noites visitar Lucy e a filha Mirian; dava um beijo na testa das duas e ficava a olhá-las dormindo. Lucy sempre sentia a presença do marido, mas era cedo ainda para um encontro de almas.

Certo dia, o espírito de Willian foi até o presídio para entender por que Rodolfo matara seu corpo físico, pois sequer conhecia seu algoz. Percorrendo de cela em cela a procurar por Rodolfo, encontrou-o e a seus companheiros cavando o túnel para fugir da prisão, e ouviu quando Rodolfo disse:

— Esse túnel vai dar saída na casa de Lucy, ela vai ver o que sou capaz de fazer com ela e sua filha.

Ao ouvir isso, o espírito de Willian ficou desesperado e correu para casa de Lucy para avisá-la. Ela dormia quando Willian chegou bem perto para tentar um contato com ela, se aproximou da cama e disse

— Tem que sair daqui, corre risco de vida com nossa filha!

Lucy despertou do sono como se tivesse estado com Willian em seu quarto, mas não entendeu, e se lembrou das palavras *corre risco de vida*. Já se houvera passado sete anos que Rodolfo estava preso, Mirian já se encontrava com sete anos de idade.

Quanto mais Rodolfo e seus companheiros de cela escavavam o túnel, mais Willian se preocupava com Lucy e Mirian. Desta vez, o desencarnado falou com a filha e disse para contar à mamãe que deviam sair daquela casa, que corriam perigo. A menina despertou suando frio e gritando: *Mamãe, perigo! Eu vi o papai e ele disse que corremos perigo.* Lucy já havia visto o marido outras vezes também a alertando, por isso ficou preocupada e tentou acalmar a filha. Depois daquele dia, Lucy resolveu comentar o que vinha acontecendo com elas para Jackson, e ele também ficou preocupado e disse:

— Será que meu filho quer dizer algo?

Na cela, Rodolfo continuava o plano de fuga e não via a hora de se livrar da prisão para se vingar de Lucy e sua filha; esse era o jeito que ele encontrara para mais uma vez atingir Jackson, que, juntamente de Elisabeth, tocava sua vida com muita tristeza pela perda de seu filho.

Willian tentou uma aproximação com Julian, pois se lembrou de que ela conseguia entrar em contato com os espíritos e, o melhor, que poderia psicografar uma carta para Lucy. Assim, procurou pela irmã. Infelizmente, porém, Julian conseguia ver o irmão e ouvi-lo contar o que ia acontecer, mas, com o passar dos anos, seu estado de saúde só piorara. Julian já não ministrava mais palestras, pois sua voz perdera a força e suas mãos já não conseguiam mais escrever. Tentava falar, mas só saíam ruídos de sua boca. Ela ficou apavorada com o que estava próximo de acontecer, e não conseguia fazer nada para evitar tamanha tragédia.

Lucy, em sua casa, conseguia ver o marido, mas não era capaz de interpretar o que ele dizia. Sua filha sempre tinha contato com o espírito do pai, e dizia frequentemente *Perigo, mamãe, o papai disse que estamos em perigo*. Lucy sabia que havia um perigo vindo em sua direção, não conseguia entender que tipo de perigo. Pensava: *Willian quer dizer alguma coisa, mas não consigo entender, meu Deus*!

Willian, vendo que não conseguiria entrar em contato com a família, procurou um centro no qual uma velha senhora, dona Ana, psicografava cartas havia muitos anos. Ele se aproximou da senhora e ditou uma missiva para Lucy. Dona Ana escreveu a carta, porém não sabia para quem entregá-la, pois não conhecia nenhuma Lucy. Willian, então, teve uma ideia. Durante a noite, o espírito de dona Ana se desprendeu de seu corpo adormecido, e ela viu o jovem moço, que lhe disse *Envie está carta pelo correio, para este endereço*. A médium ouviu o endereço e o jovem desapareceu. Dona Ana, ao acordar, se lembrava do destinatário, mas apenas vagamente do que acontecera em sonho. Lembrou-se da carta que psicografara e pegou-a. Instruída por Willian, que se encontrava ao lado dela, colocou o endereço no envelope, mas não tinha certeza do que fazer, então decidiu ir pessoalmente entregar a carta.

Ao chegar na casa de Lucy, Dona Ana bateu palmas, tocou a campainha, mas ninguém atendeu. Enquanto isso, o espírito de Willian estava tentando avisar a esposa de que Rodolfo e seus cúmplices já haviam terminado de fazer o túnel, que dava no porão da casa de Lucy; lá, eles poderiam ficar escondidos até arrumar um jeito de fugir sem que ninguém suspeitasse. A ideia fora escavar um túnel paralelo que desse para a rua e, depois que passassem, eles fechariam a parte que dava para a casa de Lucy.

Assim o fizeram, pois ganhariam tempo para fugir enquanto a polícia ficaria procurando pela outra saída. As autoridades passariam a buscar pelas redondezas até que os dias se passassem e eles desistissem, e Rodolfo pudesse acabar com as vidas das duas reféns. O plano era perfeito, não tinha como dar errado.

Na rua estava a senhora Ana, perguntando para os vizinhos se Lucy morava ali, e uma vizinha disse que sim, mas que estava trabalhando naquele momento. A médium agradeceu e disse que retornaria em outra hora. Willian, sabendo do perigo que se aproximava, fez de tudo para que dona Ana esperasse, falando em seu ouvido o tempo todo. Por essa intuição, dona Ana sabia que era importante entregar a carta o mais breve possível. Resolveu, então, deixá-la com a vizinha, insistindo para que entregasse a Lucy com urgência.

Assim que chegou, Lucy recebeu a carta da vizinha e leu-a. Alertava-a para que fosse à casa de Jackson, pois algo ruim estaria para acontecer ali. Lucy ficou impressionada, mas deixou para entrar em contato com Jackson um pouco mais tarde.

Willian voltou para o presídio e ouviu Rodolfo falar *Está tudo pronto, vamos nesta noite mesmo*. O espírito ficou apavorado e correu para a casa de Lucy, para tentar tirá-la de lá. Naquela noite chovia muito e o vento era forte. Lucy estava em casa com a filha e fechou todas as portas para ficarem em segurança. Lucy estava na sala assistindo televisão, e o espírito de Willian sabia que Rodolfo estava, naquele momento, atravessando o túnel e que chegaria até elas.

Willian, então, teve a ideia de assustá-las para que saíssem de casa e buscassem abrigo noutro lugar. Começou a derrubar as coisas, e Mirian ficou assustada, mas a mãe tranquilizou a filha dizendo que fora o vento a jogar os objetos. Lucy levantou-se e foi até a cozinha, dizendo que ia fechar a janela e que a filha a esperasse na sala. Lucy chegou à cozinha e achou tudo muito estranho, a janela estava fechada, mas havia um vaso quebrado ao chão. Ela, muito assustada, pegou os cacos de vidros do chão, varreu e secou tudo e voltou à sala.

Ao chegar, sentou-se ao lado da filha e, minutos depois, a televisão desligou sozinha. Mais uma vez, Lucy percebeu que a filha estava assustada e disse:

— Foi uma queda de energia.

A menina respondeu:

— Mas como? Nem apagou a luz...

Lucy percebeu que algo sobrenatural estava acontecendo e começou orar, agarrada com a filha, e pediu a Deus que as protegesse. Tentou ligar para Jackson, mas ninguém atendeu. Minutos antes de Lucy ligar, Julian, sabendo do que estava prestes a acontecer, entrara em desespero para chamar a atenção dos pais, mas conseguira apenas que ficassem preocupados e a levassem para o hospital para ser medicada.

Na casa de Lucy, o espírito de Willian, ao ver aqueles homens atravessando o túnel, ficou preocupado, foi até a entrada, forçou a mente e fez com que a porta se abrisse, na tentativa de fazer com que Lucy entendesse o perigo e corresse para fora. Mas, em vez disso, Lucy pegou a filha e correu para o porão. O espírito de Willian se desesperou ainda mais, pois sabia o porão seria a saída dos bandidos.

IX

O primeiro a entrar no túnel foi Josias; Jeferson, Romildo e Davi desceram em seguida e, logo atrás, vinham Rodolfo e outros comparsas, um total de dez homens.

Davi não queria entrar no túnel de modo algum, pois tinha pânico de lugares fechados. Enquanto seus homens ficavam na cela para avisá-lo se alguém viesse em sua direção, durante a escavação do túnel, Davi colocava montes de terra sobre os colchões em formato de um corpo, e cobria-os com cobertor, para que o carcereiro pensasse que todos estavam dormindo. Só ele ficava sentado durante horas no colchão da saída do túnel. Davi fazia de tudo para disfarçar o que estava acontecendo; o carcereiro passava para ver os presos todas as noites, se estava tudo em ordem, e nunca desconfiou de nada. Davi sabia os horários em que o carcereiro passava todos os dias; o agente da noite passava apenas uma vez. Depois que ele passava, o serviço de Davi era jogar toda aquela terra dos colchões nas privadas e dar descarga para que tudo ficasse pronto para os companheiros pudessem dormir o resto da madrugada quando paravam de escavar o túnel, às cinco da manhã.

Davi sempre dizia que não entraria no túnel em razão de seu pânico, mas Rodolfo, com muita firmeza na voz, disse:

— Todos vão, ninguém vai ficar aqui para nos entregar, está tudo pronto.

E Davi, mesmo sem querer, teve que tomar a rota de fuga atrás de Romildo. Insistira em não entrar, mas Rodolfo deu-lhe uns tapas no rosto, e ordenou:

— Entra logo! E deixa de frescura, entra ou vai ficar aqui morto.

Com mais uns bofetões no rosto, e com medo que o matassem, Davi entrou no túnel, apavorado, e Romildo ia assustando-o para que seguisse mais rapidamente à frente.

Estavam para chegar entre as duas saídas, prontos para passar para o túnel que conduzia à casa de Lucy e fechar a entrada feita para despistar a polícia. Primeiro passaram Josias, Jeferson e Romildo, estavam bem à frente, e ali esperaram pelos outros companheiros. Romildo empurrou Davi para que fosse mais rápido. O rapaz, com muito medo e já cansado de apanhar de Rodolfo, seguiu adiante sem forças, pois o pânico tomou conta dele, e nisso acabou atrasando a travessia. La fora caía muita chuva, e dentro do túnel todos queriam sair logo, mas, por conta do pânico de Davi, a travessia desandou num empurra-empurra.

De repente, tudo veio abaixo: o túnel desmoronou e ficaram sete deles soterrados, inclusive Rodolfo. Só quem conseguiu sair, com muita dificuldade, foram os três primeiros que já havia passado do cruzamento do túnel. Josias e Jeferson saíram, e Romildo ainda estava preso embaixo de escombros e de um pouco de terra. Romildo pediu socorro para Josias e Jeferson, que se entreolham, querendo ajudar, mas muito assustados, com medo que a parte do túnel onde se encontravam também desabasse. Assim, deixaram Romildo gritando. Um pouco mais à frente, Josias se arrependeu de deixar o comparsa para trás e resolveu voltar com Jeferson para ajudá-lo; começaram a tirar a terra de cima de Romildo e a puxá-lo, até que conseguiram tirá-lo de lá. Os dois ajudaram Romildo a se arrastar até a saída, onde estavam Lucy e a sua filha, apavoradas, pois escutaram quando tudo desmoronou e viram parte de sua casa desabar, deixando-as presas no porão.

Lucy não estava entendendo nada; amedrontada, correu de um lado para outro na esperança de encontrar uma saída quando, de repente, se deparou com aqueles homens armados e machucados. Josias e Jeferson só tinham alguns arranhões, mas Romildo estava bastante ferido. Josias, ao ver a mulher, ordenou-lhe que ajudasse o colega lesionado e perguntou se havia mais alguém ali. Lucy, apavorada, sem saber o que dizer, pensou em esconder que sua filha também estava ali, mas a menina veio atrás da mãe e logo todos ouviram uma voz, que perguntou:

— Mamãe, está tudo bem?

Jeferson pegou Mirian, segurou-a com a arma apontada para a cabeça e disse a Lucy:

— Você vai fazer tudo o que nós queremos, caso contrário, a menina morre.

— O que quer que eu faça? Farei tudo o que pedir, mas não machuque minha filha.

Jeferson começou perguntando onde fica a saída daquele lugar, e Lucy, apavorada, respondeu:

— Não tem saída, estamos presos aqui.

Todos se entreolharam e Jeferson disse:

— Fizemos tudo isso para morrer presos aqui? Tem que haver um jeito. Vamos procurar, Josias, coloque Romildo em um lugar seguro.

E começaram os três a procurar por uma saída. Jeferson mandou a menina fazer companhia a Romildo e que ficasse quieta e fizesse tudo que Romildo pedisse. O bandido ferido tinha uma arma em sua mão, tudo estava tudo escuro e ainda era noite, apenas a lanterna de um celular que estava com Lucy iluminava o ambiente. Jeferson tomou-lhe o celular das mãos e perguntou onde fica a saída. Lucy apontou a porta, mas estava cheia de escombros, pois, quando houve o desabamento, todo o espaço fora bloqueado. Lucy disse:

— Só há uma pequena esperança de sairmos daqui vivos antes que a bateria do celular acabe, vamos ligar para alguém e avisar que estamos presos aqui no porão. Alguém pode subir até a parte mais alta do entulho para encontrar sinal para fazer a ligação.

Jeferson deu uma bofetada na face de Lucy e disse:

— Acha que somos idiotas? Acabamos de sair da prisão e acha que queremos voltar para lá? A senhorita está muito enganada, vamos cavar até encontrar alguma saída segura. — Então pergunta a Lucy: — Viu a que altura foi o desabamento da casa?

E Lucy disse:

— Não sei ao certo porque estava muito escuro, mas me parece que foi do meio da escada para baixo.

Josias disse:

— Então vamos cavar antes que amanheça o dia, ao amanhecer vai começar aparecer gente de todos os lados e estaremos fritos.

Então Lucy, Jeferson e Josias começaram a escavar. Mirian estava sob a mira de Romildo; qualquer deslize de Lucy ensejaria o disparo do meliante. Lucy chorava e clamava por Deus a todo momento, ela que nunca fora de acreditar em Deus. Só o que fazia é pedir ajuda do Senhor. Lucy queria acreditar que Deus existe e, mesmo sendo oculto, era o único que poderia ajudar naquela ocasião, e continuava escavando. Exausta, olhou para a filha, que se encontrava amedrontada, e viu ao lado dela um clarão. Lucy fechou os olhos e abriu-os, como se estivesse piscando, para tentar entender o que estava acontecendo. Olhou novamente na direção da filha e viu Willian ao lado de Mirian, protegendo-a. Lucy se assustou e desmaiou. Ela nunca havia visto Willian no estado físico acordada, só no desprender do sono quando se viam de espírito para espírito. Josias e Jeferson ficaram muito nervosos com o desmaio de Lucy, deixaram-na num canto e continuaram a escavar. Enquanto isso, Lucy se encontrava desacordada e Mirian estava dormindo ao lado de Romildo.

No estado inconsciente de Lucy, Willian se aproximou e disse *Fique tranquila, Lucy, tudo vai acabar bem. O Deus em quem você não acredita me mandou aqui para ajudar. Tenha paciência e siga forte, pois tudo acabará bem.* Willian, então se distanciou de Lucy, que despertou. Inicialmente meio perdida em meio as palavras de Willian, aos poucos se lembrou de tudo. Lucy estava confiante de que tudo acabaria bem, voltou ao trabalho e tentou tranquilizar Josias e Jeferson.

— Deus vai nos ajudar a sair daqui, todos em segurança. Ao desmaiar, tive uma visão do lado de fora da casa: não se percebe o que aconteceu, minha casa está perfeita, então todos estamos em segurança. Já está quase amanhecendo, é melhor pararmos para não fazermos barulho, pois não quero que aconteça nada com vocês nem com minha filha.

Enquanto Lucy falava, Willian estava ao seu lado, incutindo-lhe as palavras sem que ela o visse, para acalmá-los. Já exaustos, Jeferson e Josias resolveram descansar um pouco durante o dia para não fazer barulho e, assim, não despertar desconfiança nos vizinhos. Antes de dormir, eles acordaram Romildo para vigiar Lucy enquanto os três dormem.

Ao mesmo tempo, às cinco horas da manhã, na prisão, o carcereiro passou no corredor e, quando se deparou com a cela que Rodolfo estava, viu que estava vazia; gritou, então, aos outros agentes e informou ao delegado, que correu até o local e se deparou com o túnel dentro da cela. Pediu que alguns policiais seguissem pelo túnel para ver onde daria a saída. Quatro dos policiais entraram no túnel, enquanto os outros receberam ordem do delegado para cercar o quarteirão e começar a busca. Os policiais que entraram no túnel logo à frente se depararam com a barragem da parte soterrada e voltaram, apavorados. Pediram ao delegado para chamar o corpo de bombeiros para começar a escavação. Ao chegarem no local, os bombeiros começaram a escavar em busca das possíveis vítimas. A notícia se espalhou e Jackson ficou sabendo, e se preocupou ao saber que houve o acidente. Perguntou-se se Rodolfo estaria soterrado ou se conseguira fugir.

Jackson foi até a residência de Lucy. Ao chegar à casa tudo parecia bem. Jackson tocou a campainha, mas ninguém atendeu; ele insistiu a tocar e nada. Preocupado, resolveu bater à porta, mas ninguém atendeu. Jackson passou pelos vizinhos perguntando sobre Lucy, mas ninguém sabia informar, até que uma senhora disse:

— Eu ouvi na madrugada um barulho que vinha da direção da casa de Lucy, mas procurei e não encontrei nada que me preocupasse, então voltei a dormir.

Jackson, então, resolveu forçar a entrada na casa. Chamou dois homens que o ajudaram a arrombar a porta. Jackson entrou procurando pelas duas; percorreu a casa toda, mas não encontrou. Foi em direção ao porão e, quando olhou para a escada que descia, entrou em choque e saiu gritando em busca de ajuda, porque chegara à conclusão que Lucy e Mirian podiam estar presas lá. Sempre que havia chuva forte elas iam para o porão, que era o lugar mais seguro de sua casa. Jackson começou a gritar por Lucy e Mirian, mas não houve nada, tudo estava em silêncio. No porão, Jeferson ouviu os gritos do lado de fora e ameaçou Lucy com a arma em sua cabeça, para que não fizesse barulho. Lucy permaneceu calada; algum tempo depois, tudo silenciou. Jackson saiu em busca de ajuda enquanto os vizinhos foram à procura de algo que pudesse ajudar. No porão, ao ver tudo quieto, Lucy disse:

— Não é melhor pedirmos ajuda? Se ficarmos aqui, vamos morrer todos com fome e sede, e tudo ainda pode desabar em nossas cabeças, pois não sabemos como está a estrutura da casa.

Josias disse:

— Sim, Jeferson, melhor sairmos vivos do que acabarmos soterrados como nossos companheiros

Jeferson gritou:

— Calem a boca! Se sairmos daqui com a ajuda deles vamos direto para a prisão novamente!

Ao que Josias respondeu:

— Mas não temos saída, já estamos presos e, se não tomarmos uma decisão logo, ficaremos aqui para sempre. Olhe para Romildo, já está quase desfalecendo de tanto perder sangue. O que mais vai ter que acontecer para que você entenda que não conseguiremos sair daqui sem ajuda de outros? Já há policiais em todo lugar, daqui a pouco vão escavar, se souberem que estamos aqui com Lucy e sua filha terão mais cuidados na escavação por causa das duas.

Jeferson pensou um pouco e disse:

— Temos uma solução. Lucy pede ajuda, escondemos Romildo e a menina como refém, eu fico com a arma na cabeça de Lucy enquanto ela negocia com eles, e pede um carro para fugirmos. Para sairmos daqui em segurança, com Lucy e Mirian como nossas reféns, exigimos que levem Romildo para o hospital

Josias refletiu sobre a ideia por um tempo, e depois e disse:

— É um bom plano, mas se Romildo for para o hospital, assim que ficar bom voltará para a prisão.

— Depois pensamos nisso, agora o que temos a fazer é tentar sair daqui em segurança. Eu saio com Lucy e você com Mirian para nos protegermos.

Josias concordou, e perguntou:

— E depois? O que fazemos? Para onde vamos com as duas?

— Exigiremos uma quantia para irmos para algum lugar e depois damos um fim nas duas.

Josias não concordava em matar Lucy e Mirian, mas ficou calado. Enquanto isso, na delegacia, Jackson chegou e se deparou com alguns presos mortos, mas Rodolfo não estava entre eles, continuava desaparecido. A escavação na prisão continuava, com muito cuidado, para que tudo não viesse a desabar e causasse mais uma tragédia. Jackson procurou pelo delegado e o informou que parte da casa de Lucy, que ficava a alguns quarteirões dali, desabara e que provavelmente a nora e a neta estivessem presas debaixo dos escombros. O delegado chamou alguns dos policiais, que seguiram correndo até a casa de Lucy. Chegando lá, logo perceberam que se tratava do túnel que saía da direção da prisão. A conclusão a que chegaram é que seria pela casa de Lucy que os bandidos iriam fugir e pegar as moradoras como reféns. O delegado ordenou que chamassem reforços do corpo de bombeiros; rapidamente chegaram e já iniciaram as escavações na casa de Lucy. Assim que começaram, outras partes da casa desabaram. Os profissionais, então, tomaram uma importante decisão: escavar montando uma estrutura de proteção, para que tudo não viesse abaixo de vez. Um policial gritou *Tem alguém aí?*

Lucy recebeu ordem para responder e gritou:

— Sim, estamos presas aqui embaixo!

O policial perguntou quantas pessoas havia ali com ela. Lucy olhou para Jeferson, assustada, sem saber o que dizer. Ouviu o policial gritar novamente *Quantas pessoas tem aí? Tem alguém ferido?*

Jeferson ordenou que respondesse e ela gritou que sim, estavam em cinco e havia um muito ferido. O policial pediu que se mantivessem calmos, que iriam tirá-los dali.

O dia todo passou e a noite chegou com as tentativas de resgate das vítimas. Do outro lado, na prisão, já haviam retirado cinco dos presos, só um se encontrava ainda com vida. Fora levado para o hospital em estado grave. Continuava a busca aos outros, que ainda estavam desaparecidos. Os policiais continuavam a escavar o túnel. Contudo, houve um novo desabamento e ficou impossível continuar partindo dali. As escavações na prisão pararam. Assim, todos os policiais foram para a casa de Lucy tentar ajudar. A escuridão da noite impedia que o trabalho prosseguisse com rapidez; os policiais estavam exaustos, mas iam revezando-se entre uns e outros e continuavam o trabalho usando lanternas. Amanheceu, e a claridade do dia facilitou o trabalho. Os policiais conseguiam visualizar um buraco que dava visão do porão, e viram Jeferson com Lucy como refém com a arma apontada em sua cabeça.

Começaram as negociações. Jeferson pediu um bom carro e medicamentos para o alivio das dores de Romildo. Exigiu que os policiais ficassem distantes quando eles fossem sair. O negociador da polícia disse:

— Sim, faço tudo que quiser, mas solte Lucy e a menina.

— Sim, as deixarei assim que estivermos em segurança. Agora nos mande água e comida.

O policial concordou.

— Tenha calma, faremos tudo que estiver ao nosso alcance.

O negociador pediu que se providenciassem comida e água, que foram colocadas em uma cesta e descidas, através de uma corda, pela abertura. Ainda faltava muito para conseguirem chegar até os soterrados e resgatá-los. Na parte da tarde, quando já estava tudo pronto, os policiais desceram para o resgate. Romildo deu um grito para que deixassem suas armas e apenas um policial descesse. Primeiro subiu Romildo, que foi direto para o hospital. Depois, Jeferson e Lucy foram amarrados juntos para subir, o bandido o tempo todo com a arma apontada na cabeça de e sua refém. *Qualquer deslize, ele atira e Josias mata a pequena Mirian*, este era o pensamento na cabeça de todos. O resgate de Mirian e Josias ficou por último. A menina estava apavorada, em choque após tantas horas de medo. Josias, ao ver a menina naquele estado de pânico, tomou uma decisão. Quando o policial foi amarrar os dois juntos, para sua surpresa, Josias entregou a sua arma e disse:

— Eu me entrego. Salve a menina.

O agente, espantado, pegou a arma, mas ainda assim amarrou os dois juntos para a subida, para que o comparsa não desconfiasse de nada. O policial fez um gesto de que está tudo bem, e mostrou a arma que Josias entregou. Quando chegou à segurança com a menina, desarmado, os policiais algemaram Josias. Assim que Jeferson percebeu o que estava acontecendo, fugiu com a refém e os policiais seguiram-no, para capturá-lo e resgatar Lucy com vida. Ela estava desesperada, parecia até já ter vivido aquela cena antes, era como se estivesse se lembrando vagamente, como se já houvesse passado por algo assim. Por um instante, Lucy teve um *déjà-vu* do momento da fuga na sua vida passada, mas era o inverso. Em sua mente, o refém era Rodolfo. Lucy, bem confusa, se sentia como se estivesse enlouquecendo, e aquela cena persistiu em sua mente quando começaram as trocas de tiros entre os policiais e Jeferson. O bandido foi atingido e bateu o carro em um poste, ferindo ambos gravemente. Os policiais resgataram os dois, que foram levados para o hospital. Enquanto internados, Jackson cuidou da pequena Mirian e também da reforma da casa desmoronada.

X

Semanas depois, Lucy saiu do hospital e foi para a casa do sogro até se recuperar de vez. A sua casa estava ficando pronta, e Jeferson, ainda no hospital, ficou mais algumas semanas. Ao todo levou dois meses para se recuperar e, ao sair do hospital, foi direto para a cadeia e permaneceu detido. Três meses depois, a casa de Lucy ficou pronta e o túnel já fora fechado, e tudo estava totalmente em segurança. Lucy resolvera voltar para a casa com a pequena Mirian, pois já se encontravam perfeitamente bem para continuar a sua vida normal.

Voltando à prisão, não fora possível resgatar Rodolfo e Davi. Enquanto Lucy e Jeferson estavam no hospital, várias buscas foram realizadas na tentativa de resgatar as duas vítimas, mas não obtiveram sucesso; como se passaram muitos dias, já não havia condições de encontrá-los com vida e, para a segurança de todos os demais moradores, resolveram interromper as buscas e fechar de uma vez por todas o túnel. Entre todos os que foram resgatados, os únicos sobreviventes foram Josias e Jeferson, pois Romildo desencarnou na mesa de cirurgia.

Na casa de Lucy tudo parecia normal, mas ela não esquecera aquele momento em que parecia se lembrar de que já havia acontecido aquela fuga com policiais atrás dela. Certa noite, Lucy tentando entender aquela situação, dormiu e, então, seu espírito, ao se desprender do corpo, se deparou com a mesma cena, ela e Rodolfo em uma fuga de vidas passadas, na qual ele era o refém, mas, desta vez, era Lucy quem levara o tiro e desencarnava. Assustada, acordou suando frio, levantou-se e foi até a cozinha pegar um copo de água para se acalmar. Voltou a se deitar, poucos minutos depois dormiu e eis que, ao lado de sua cama, estava o espírito de Rodolfo, que olhou para Lucy e disse *Lembrou-se, não é? Voltei para me vingar, de hoje em diante você jamais terá paz*. Lucy, apavorada, acordou novamente e escutou a sua filha aos gritos, pois a menina havia visto Rodolfo também a amedrontando. Daquele dia em diante Lucy não teve mais paz. Rodolfo aparecia quase todas as noites para ela, e às vezes para sua filha. Mirian foi ficando doente e Lucy não sabia mais o que fazer; desde que Willian morrera, Lucy havia parado de frequentar o centro espírita, pois deixara de acreditar em Deus novamente, sempre dizendo que, quando mais precisara d'Ele, Deus se encontrava oculto.

Willian estava sempre em espírito por perto com outros espíritos tentando abrir os olhos de Lucy, convencê-la de que o único caminho é Deus, mesmo ao parecer oculto é o único em quem podemos confiar e pedir ajuda. Mirian foi ficando cada vez mais doente e aos poucos ia perdendo o juízo e perdendo também o sentido da vida. O espírito de Rodolfo estava constantemente ligado às energias de Mirian; quanto mais Rodolfo sugava as energias da menina, mas ela ficava doente, sem forças e sem equilíbrio.

Uma noite, Lucy se deitou para dormir e, antes de pegar no sono, em relaxamento, Lucy ligou seu pensamento em Deus e pediu ajuda para sua filha. Naquele momento, viu Willian nitidamente dizendo: *Lucy procure meu pai, conte a ele o que está acontecendo e diga o porquê de nossa filha se encontrar doente. Vá em busca de ajuda no centro espírita, Jesus pode ajudar nossa filha, este irmão que lhes atormenta precisa perdoar e ser perdoado. Esse é o recado que Deus pediu que eu lhe trouxesse.*

Lucy ficou estagnada com as palavras de Willian, com suas pernas bambas. Levantou-se de sua cama e foi até o quarto da filha, que dormia serenamente. Ao lado da cama de Mirian encontravam-se três espíritos de luz e Willian tomando conta da menina. Lucy visualizou tudo e, sem saber o que fazer, ficou ali por alguns minutos, orando e pedindo proteção à filha. Acabou dormindo ao lado da menina. No dia seguinte, Lucy procurou por Jackson junto com a filha e contou tudo o que estava acontecendo.

Julian, ao ouvir a conversa, começou a resmungar, como se estivesse a dizer algo, e apontou para a mãe para pegar papel e lápis. Já fazia muito tempo que Julian não psicografava, pois sua coordenação motora não permitia, e mesmo assim ela, com ajuda dos espíritos de luzes, psicografou sua última carta. Julian começou a escrever com muita dificuldade. Surgiram algumas palavras para Lucy: era o espírito de Rodolfo que estava ali e escreveu

Estou preso embaixo daquele túnel, ficamos vagando Davi e eu entre o túnel e a cela. Vejo os vermes devorando o meu corpo, e tudo isso é sua culpa. Há muitas vidas vivemos juntos e você só me prejudica, e agora você vai pagar por tudo o que me faz passar. Vou levar sua filha comigo e quero que sinta a mesma angústia que estou sentindo. De nada adianta pedir perdão, pois você me incentivou a roubar, fizemos isso juntos e só eu me dei mal. Você vai ver o que vou fazer.

Ao terminar de psicografar, Julian se sentiu muito cansada e pediu a ajuda dos pais para se deitar.

Os espíritos que se encontram em mundos inferiores não trazem psicografias. Espíritos que se encontram em esferas espirituais muitos distantes do planeta Terra também não dão psicografia, a distância dificulta, causa interferências das ligações das energias fluídicas e magnéticas. Espíritos que ainda não se desligaram da Terra também não trazem psicografia; muitas pessoas vão em busca de psicografias de seus entes queridos e não conseguem, reclamam de ir em busca de uma mensagem por muito tempo e não recebem, e isto se dá por uma destas razões. O espírito de Rodolfo só conseguiu passar o recado através de psicografia por Julian porque ela não tinha condições de falar; os espíritos de luzes emprestaram energias fluídicas para este espírito se manifestar através da escrita, como aconteceu na última carta que Julian psicografou. Se ela tivesse condições de falar, este recado seria através de uma manifestação mediúnica, para que ficasse bem clara a explicação e que não se confundisse com paradoxo.

Lucy, ao ler a carta, ficou apavorada. Correu a abraçar Mirian, que estava queimando de febre. Lucy gritou dizendo – *Por favor, Rodolfo, leve a mim pois Mirian é só uma criança! Eu que te fiz mal, me perdoe!* Willian se fez presente para Rodolfo e tentou um diálogo de espírito para espírito. Rodolfo estava irredutível na vingança e, ao encontrar o ponto fraco da inimiga, que era a filha, e ao ver o desespero de Lucy, achou que encontrara o caminho para atormentá-la. Willian, junto aos espíritos iluminados, formou um véu de luz na envoltura da pequena Mirian, assim Rodolfo não poderia mais atingi-la através de suas energias negativas. Pouco depois, Rodolfo se sentiu mal de estar em um ambiente iluminado e, muito enfurecido, saiu de cena. Lucy se aproximou um pouco mais de Mirian e percebeu que a filha já se encontrava sem febre; caiu de joelhos a agradecer ao Deus em que ela não acreditava, e, vendo-se ajoelhada a agradecer, começou a acreditar numa força maior que a protegia nas horas de angústia. Daquele dia em diante, Lucy passara a regar dentro do peito uma fé inabalável, e nunca mais Rodolfo conseguiu se aproximar de mãe e filha, pois ambas estavam protegidas pela sua fé.

XI

Jesus disse "*Se tiveres fé, que seja do tamanho de um grão de mostarda que chega a ser menor que um grão de areia, conseguiremos mover a montanha de um lado para outro.*" Com estas palavras, Jesus quis dizer que somos muito fortes e inteligentes para usar o nosso livre-arbítrio para fazer o bem com o coração cheio de amor. Nada nem ninguém pode atrapalhar o que é feito com amor. Conseguiremos ajudar os nossos irmãos mais fracos. É possível consultar no Evangelho que Jesus também disse: *Poderão fazer tudo o que eu faço e muito mais*. Com estas simples palavras, Jesus nos deu o poder de sermos felizes e fazermos o outro feliz; tudo está dentro de nós se amarmos uns aos outros como a nós mesmos, receberemos amor e doando amor. Tudo depende de cada um usar o que Deus nos deu para comandar a nossa vida da melhor maneira possível. Tudo o que plantamos hoje, vamos colher amanhã, pois não adianta plantar salsas e querer colher uvas. Tudo depende de nossos pensamentos e nossas atitudes. Tudo o que fizermos de bem ou de mal aos outros volta para nós, isso quer dizer que, se semearmos sementes de flores pelo trajeto da vida, iremos colher flores nas esferas espirituais.

Não precisamos nos preocupar com o futuro, pois temos que viver bem o hoje para que amanhã seja melhor que ontem. Porém, noventa por cento da população pensa no amanhã muito mais do que no dia de hoje, sempre querendo adquirir bens próprios como carro, casa e guardar dinheiro para velhice e muito mais. E acabam se esquecendo que o amanhã pertence a Deus. Será que vamos viver para colher estes frutos, que juntamos pela vida toda, materialmente falando?

Quando sabemos viver o bem o dia de hoje, com certeza o amanhã está garantido, pois o nosso Pai, que está no céu, providencia tudo para um filho que se preocupa em usar o seu livre-arbítrio para realizar o bem. Deus não deixa nenhum de seus filhos desamparados, mesmo aos homens que desobedecem aos seus ensinamentos ele dá uma nova chance de recomeçar. Meus irmãos, quantas vezes culpamos Deus por nossos sofrimentos quando os verdadeiros culpados somos nós mesmos? Com nossos corações duros para vencer os obstáculos da vida, quantas coisas poderíamos evitar se houvesse amor? Quantos desgostos poderíamos evitar ao nosso próximos se medíssemos as palavras que saem de nossa boca? Queridos irmãos, vamos nos preocupar com o amanhã, pois só o espírito é imortal: temos que adquirir bens espirituais, porque só estes iremos levar quando partirmos daqui. Veja Rodolfo, que bem ele o levou após o seu desencarne? Infelizmente, recebeu somente o que plantou, a maldade, a ambição e a vingança.

Rodolfo se encontrava prisioneiro de outros espíritos infelizes que praticavam o mal e continuam a praticar, assim como ele praticara. Suas energias do mal não foram suficientes para vencer a luz que Lucy adquiriu. Rodolfo só alimentou o ódio e permaneceu seu prisioneiro até o dia em que refletiu e deixou a luz e o amor fluírem em seu espírito, só assim se libertou das correntes que o mantiveram preso, e quando essa pequena luz se acendeu dentro de Rodolfo, por menor que fosse, ele foi resgatado pelos irmãos trabalhadores do bem que trabalham dia e noite em prol de ajudar esses irmãos infelizes. Mas é preciso que esta luz abra a porta em seus corações, pois temos livre-arbítrio e essa lei não pode ser violada.

Às vezes, passamos a vida toda em prol de ajudar o próximo, mas este irmão não abre portas e nem ao menos uma janela para que nossa ajuda chegue até seu coração. O mau uso de seu livre-arbítrio faz com que o seu coração se feche para o amor com o próximo. É preciso fortalecer este amor na presença de Deus; não adianta orar durante horas jogando palavras ao vento, sem uma fé viva. Precisamos ter pensamentos firmes e manter uma boa conduta para chegarmos até Deus. A espiritualidade está sempre de braços abertos para nos proteger e nos abraçar, só precisamos estar de coração puro para que a espiritualidade nos conduza ao caminho do bem, sem esquecer de que ela não interfere em nosso livre-arbítrio. É preciso querer e aceitar para que, desta forma, possamos ajudar o nosso próximo. Teremos dias melhores até chegar o momento em que encontraremos a felicidade plena.

No plano espiritual todos podem brilhar como estrelas, o importante é trabalharmos o bem do nosso espírito e irradiarmos brilho na direção certa e com humildade. Estamos expandindo brilho ou estamos na escuridão; em que direção estamos expandindo nossas energias? Estamos usando em prol do bem? Ou somos daqueles que passam por cima de tudo e de todos, para nos mostrarmos melhores que os outros? Passando na frente do próximo em todas as ocasiões, e querendo mostrar que sua estrela brilha mais? Tamanha ignorância, pois nossa estrela brilha como somos, o que somos e nada mais, cada um é o que é. Algumas pessoas vieram com o dom de ministrar palestras maravilhosas, missas, cultos etc. Isso não quer dizer que o líder de seu templo é melhor que cada um de vocês que estão a ouvi-lo. Isso só mostra que Deus o deu o dom da comunicação entre nós, e não o dom de ser melhor que os outros. Muitos colocam o seu líder acima de toda a Igreja, porque, para quem não sabe, a Igreja não são as paredes e sim os seres que ali habitam, um agrupamento de pessoas forma a Igreja, os templos e os centros, como cada um assim preferir chamar. Para Deus não existe diferença, pois a diferença está em seus corações, porque no mais alto dos céus existe um só Deus, de um coração puro, humilde e justo, assim como deve ser. Encha-se de alegria por estar tendo a oportunidade de receber mais uma vez os esclarecimentos do Pai, de uma forma mais simples e humilde de se entender, e ainda lhe direi que o mais humilde dos homens, esse sim, receberá o templo glorioso dos céus. E digo ainda mais, não é necessário ter riquezas e nem se vestir da mais pura seda, pois de nada isso adiantará aos olhos de Deus. Também não adianta passar a ser um mendigo, pois isso não o faz ser humilde. A humildade encontra-se no coração de cada um de nós, não são as nossas vestes que nos separam no plano espiritual, mas sim o que somos.

Toda a riqueza que devemos acumular é a do espírito, assim como Julian, que, com sua simplicidade, fez muitas estrelas brilharem. Após ter realizado a sua última psicografia, a carta de Rodolfo para Lucy, em que alertou sobre o mal que espírito estava fazendo para atingir Mirian, nunca mais

Julian teve coordenação motora para psicografar. Seu estado de saúde foi piorando a cada dia. Julian já sabia que sua hora estava por chegar ao fim neste planeta. Por esta temporada, Julian foi exemplo a todos que a conheceram, ensinou todos a terem amor e acreditava no que parecia impossível a muitas pessoas: acreditava em um Deus oculto que, na verdade, está a todo momento conosco, nos amparando e nos mostrando o verdadeiro caminho a seguir, que é Jesus.

Jesus disse *Ninguém vai ao Pai a não ser por mim, seguindo meus ensinamentos*. A sabedoria dos seres é ser verdadeiros e puros de coração, ter simplicidade na alma, amor, benevolência, saber perdoar, ser paciente e humilde. Aí estão as questões para chegar ao Pai. Julian passou sua vida na Terra a ensinar tudo isso a muitas pessoas, e era chegada a hora de Julian partir, deixar seu corpo frágil e voar fortemente em espírito, pois o corpo era fraco, mas seu espírito era forte como uma verdadeira estrela que brilha no céu. Julian desencarnou aos 35 anos de idade; hoje, trabalha em uma camada azul-celeste, que é uma esfera espiritual das mais finas camadas acima do planeta Terra. Julian trabalha junto, ao comando de outros irmãos, emanando energia extrafluídica e magnética para o plano espiritual onde se encontra Willian, que está encarregado dos trabalhos juntos aos irmãos encarnados, na desobsessão de espíritos obsessivos pela vingança. Os espíritos de luzes cuidam de nos proteger para que a existência oculta do mal não se faça presente o tempo todo. O trabalho de Willian e outros irmãos que se encarregam desse labor duro e difícil requer muito amor e energia superior. Jackson e Elisabeth seguem suas vidas com muitas saudades dos filhos, que partiram muito cedo, ao nosso entender. Para Deus, foi na hora certa.

XII

Jackson, Elisabeth, Lucy e Mirian hoje moram juntos em perfeita harmonia, como cristãos verdadeiros. Lucy, em suas primeiras encarnações na fase hominal, não aprendera nada, pois sempre viveu na ignorância de achar que Deus fosse qualquer coisa palpável que se visse em matéria, como bezerro de ouro etc. Depois, reencarnou várias vezes em planetas diferentes até chegar ao planeta Terra, por várias fases até entender a tese sobre a verdadeira vida humana; teoricamente, no princípio, todo ser humano é igual perante a lei de Deus. Lucy teve que experimentar a amargura da vida por vários processos de sofrimento para entender que o mistério de Deus é oculto. Deus está se revelando a cada dia para abrir os olhos que permanecem fechados, sem acreditar na visão espiritual que existe por trás deste universo.

Por palavras bem simples, Jesus disse *Quem tem ouvido para ouvir, ouça*, e disse também *Porque a vós foi dado conhecer os mistérios do Reino dos Céus*. Há muitos que passam de encarnação a encarnação de olhos fechados; ó, meus filhos, a ignorância só retarda os seus espíritos. Deus existe e nos deu a vida em corpo, alma e espírito. Após o nosso desencarne, nosso espírito é levado para um novo ajuste no plano espiritual. Após este ajuste, o espírito ganha novo corpo para um novo recomeço. O que é imutável não pode ser mudado. Jesus ainda disse *Tudo passará, mas as minhas palavras não passarão*, nem que eu tenha que impeli-los, meus filhos, fazê-los avançar à força, empurrar para cima. Dei a todos, desde o princípio, a escolha de como querem chegar até a mim. Estou até o momento batendo à tua porta, só que tu não me queres ver nem me dar ouvidos; pobre de ti que não aproveita a tua chance para aprimorar o teu espírito, pois a tua carne será lançada fora, mas o teu espírito sempre voltará para mim. Dar-te-ei quantas chances forem necessárias, mas de acordo com o que plantaste, desde o início de tua existência.

Julian só deixou flores por onde passou e suportou todas as suas dores com paciência, mas, mesmo em suas dificuldades, passou a vida toda a ajudar o próximo com palavras de amor, ensinando-os como melhorar. Hoje, Julian anda sobre as flores que plantou; se fez luz, na plenitude da vida espiritual, e viverá muitas vidas desde a fase "ínstares". Assim foi para toda a humanidade, desde o início dos tempos. Falando sobre a inteligência dos princípios evolutivos, onde no mineral dorme-se, sonha-se no vegetal, agita-se no animal, acorda-se no hominal. Simples, agimos pelo puro instinto, na ignorância; a seguir, buscamos um novo caminho entre o bem ou o mal, adquirimos o livre-arbítrio e começamos um novo estágio de aprendizagem, o mundo de provas e expiação.

Aos poucos tudo foi evoluindo até chegarmos nos dias de hoje, em que os mundos entram na transformação planetária e começa a separação do joio e do trigo, assim como disse Jesus. Muitos dos espíritos que desencarnam aqui no planeta Terra são levados para outros planetas, assim como recebemos, no nosso planeta, espíritos de outras galáxias. Isso se faz necessário por causa das durezas dos nossos corações. Os espíritos que estão evoluindo ficaram juntos aos espíritos que estão no mesmo patamar, até passar para a segunda fase estagiária, e assim se prossegue até o plano celestial. Os espíritos mais evoluídos também têm a responsabilidade de ajudar os irmãos mais atrasados, ensinando-os o que já aprenderam pelos caminhos da vida. Todos nós temos que escrever nossa própria história; passar pelas reencarnações apenas sendo bonzinho sem trabalhar em prol do bem não nos faz evoluir. É como um livro com as páginas em branco.

Rodolfo se encontrou preso nas masmorras por um longo tempo sem se melhorar; só alimentava a revolta de ter fracassado com sua vingança contra Lucy. Ele não se conformava e alimentava a cada dia mais esse ódio, e o desejo de nova chance de se ver livres das correntes e tentar uma nova vingança. Imaginava vingar-se usando novas estratégias, outras pessoas da família de Lucy para atingi-la, já que suas vibrações não conseguiam se aprimorar para se aproximar dela. Foi então que Rodolfo teve uma excelente ideia: lembrou-se de um primo que sempre viveu em uma vida desregrada. Chamava-se Juvenal, um homem mau que não tinha coração, vivia de suas maldades e praticava tráfico, roubo e sequestro, entre outros crimes.

Rodolfo começou a emanar suas energias de maldade e vingança para a mente de Juvenal. O chefão Ambrósio, que comandava o vale das sombras, percebeu que alguma força negativa estava vindo em sua direção, direto das masmorras, força essa que lhe fazia bem; ali, ele percebeu que nem tudo estava perdido, Rodolfo ainda era um dos seus. Rodolfo começou a chamar por Ambrósio, que, percebendo seu chamado já havia alguns dias, resolveu atendê-lo e, com seu assistente Egídio, foi até a masmorra onde se encontravam os espíritos presos. Ele se dirigiu a Rodolfo e perguntou:

— Por que me incomoda? É melhor ter um bom motivo, não sou qualquer um para ser incomodado.

Rodolfo disse:

— Sim, chefe, eu só queria lhe pedir uma nova chance de vingança contra Lucy. Ela é a culpada de tudo o que estou passando. Prometo desta vez não vou decepcioná-lo.

Ambrósio pensou um pouco e respondeu:

— É assim que se fala. Vou lhe dar uma nova chance, mas não me decepcione, não vou admitir mais um fracasso. Gosto de quem tem sede de vingança e traz o espelho dos olhos, que atrai as suas vítimas.

— Sim, desta vez farei tudo certo.

Ambrósio, então, deu uma volta por toda a masmorra, a observar todos que ali estão presos e, disse em voz estrondosa:

— Tem mais alguém que gostaria de ser solto para acompanhar Rodolfo em sua missão de vingança?

Todos ficaram em silêncio por alguns minutos, e Ambrósio gritou novamente.

— Mais alguém?

Quando, bem no fundo, dois espíritos de aspecto monstruoso disseram que queriam ir com Rodolfo. Ambrósio perguntou-lhes seus nomes. Eles responderam que se chamavam Serafim e Emídio.

— Muito bem, vocês têm certeza do que vão fazer? Como já disse, não admito falhas, entenderam? Se alguém quiser desistir, que desista agora.

Ambrósio ordenou que Egídio soltasse as correntes. Em liberdade, seguiram o chefe em direção a um salão onde Ambrósio tem o seu reinado. Lá, o superior ordenou que um de seus homens de confiança acompanhasse Rodolfo, Emídio e Serafim; quem iria acompanhá-los era Jerônimo, um espírito bastante trevoso. Ali, eles receberam as ordens de Ambrósio e seguiram para a sua missão de vingança contra Lucy.

Durante o tempo em que Rodolfo esteve preso nas masmorras das sombras, Mirian se tornou uma linda moça, com uma força espiritual magnífica. Seus guias espirituais protegiam-na com muito amor. Portanto, seria um fracasso para Rodolfo começar a sua vingança através de Mirian, e ele já havia sido alertado de que não poderia fracassar. Rodolfo e seus companheiros passaram a seguir Lucy no intuito de encontrar uma brecha para concretizar a sua vingança, mas ela vivia uma vida regrada, que tornava bem difícil a aproximação daqueles espíritos. Jackson e Lucy continuavam a trabalhar juntos na mesma empresa.

Lucy, desde que perdera Willian, passou a se dedicar muito mais à filha e, agora que Mirian já se tornara moça feita e bem encaminhada na vida, Lucy conheceu Paulo, um homem bom, e começaram a se aproximar. Após um ano, ela e Paulo se casaram; alguns meses depois, Lucy engravidou e deu à luz um menino, que ganhou nome de Samuel. A vida foi passando e tudo estava perfeito para Lucy. Rodolfo, entretanto, não conseguia se vingar dela e, junto com outros espíritos, ia usando outras pessoas para cumprir as ordens de maldade de Ambrósio.

O tempo passou e Samuel tornou-se um adolescente. Lucy e Paulo trabalhavam muito e quase não tinham tempo para o filho. Samuel tinha boas amizades até conhecer Billy. Um pouco mais velho que Samuel, o rapaz, por influência do espírito de Rodolfo, fez amizade com o filho de Lucy. Billy era um moço que só andava com más companhias, bebia e se exaltava muito com o álcool. Começou a levar o amigo para as festas, e assim Samuel também começou a beber. Assim, tornou-se fácil para Rodolfo cumprir a sua vingança.

XIII

Aos poucos, Billy e Samuel já estavam se perdendo entre drogas e bebidas. Paulo e Lucy começaram a perceber um mau comportamento do filho e passaram a prestar mais atenção em Samuel. Lucy e Paulo descobriram o que vinha se passando com o filho e começaram uma luta para trazê-lo de volta para o caminho do bem, mas parecia tarde. Lucy passou a sofrer ao ver o filho naquela situação. Dentro da casa de Lucy não havia mais paz, Paulo e o filho viviam sempre em conflito e Lucy, junto a Mirian, passou a viver dias terríveis. Rodolfo se divertia com tudo isso, mas não era o suficiente, ele queria mais.

Lucy começou a fazer o Evangelho no lar junto a Mirian e Paulo. Aos pouco, uma luz se abriu na cabeça dela, e uma ideia surgiu. Chamou por Paulo e disse:

— Vamos internar Samuel.

Paulo respondeu:

— Internar? Será que é a melhor saída?

— Sim, amanhã vou procurar uma casa de recuperação. Samuel vai se livrar das drogas.

Paulo pensou um pouco e resolveu concordar com Lucy.

— Vamos tentar, pode ser uma saída.

— Sim, Paulo, ouvi falar de uma excelente casa espírita de recuperação. Vou amanhã mesmo buscar por uma vaga para o nosso filho.

Rodolfo, ao ouvir isso, ficou furioso e logo saiu à procura de Juvenal, o traficante que distribuía drogas por toda aquela região. O espírito começou a entrar na mente de Juvenal para envolver cada vez mais Samuel no mundo do crime. O jovem, ao perceber que seus pais iriam interná-lo, resolveu fugir de casa e passou a viver nas ruas junto a outros elementos bêbados e drogados. Àquela altura, Samuel conheceu Juvenal. Rodolfo e seus comparsas estavam ocultamente sempre junto ao traficante. Samuel começou a fazer pequeno furtos para sustentar o seu vício em drogas, mas nem sempre conseguia pagar tudo o que consumia e, assim, passou a se endividar ao ponto de não conseguir pagar mais. O jovem foi jurado de morte por Juvenal.

No plano espiritual, tudo estava sendo observado e era chegada a hora do espírito de Willian entrar em ação para que o pior não acontecesse a Samuel, que se encontrava desesperado, pois sabia que morreria se não pagasse a dívida com o traficante. A partir daí, o espírito de Willian e outros irmãos de luzes passaram a proteger Samuel, emanando energia para que o rapaz voltasse a procurar pelos pais.

Lucy e Paulo viviam um pesadelo de ver Samuel naquela situação. Desde que o filho saíra de casa, Lucy sempre procurou por ele, que nunca quis ouvi-la. Naquele momento, porém, Samuel já não sabia o que fazer, pois estava perdido. O espírito de Willian se aproximou do jovem e foi intuindo-o a pensar como a sua vida era boa antes das drogas. O espírito foi intuindo Samuel a voltar para a casa. Ele pensou naquilo, mas achou que sua família não o queria mais, pois errara muito com todos; além disso, havia um bom tempo que ele não via mais os seus pais. Samuel vivia mudando de lugar em lugar para não ser visto por Juvenal, e assim perdera o contato com a mãe.

Lucy nunca desistiu de seu filho, vivia a procurá-lo pelas ruas. Em uma noite, enquanto Samuel dormia, o espírito de William conversou com ele em sonho. *Samuel, lembre-se do filho pródigo, faça como ele e volte para a sua casa, seus pais ainda o procuram, vão ficar felizes em recebê-lo de volta.*

No dia seguinte, Samuel se lembrou de ter tido um sonho. Passou o dia pensativo sobre o sonho que teve e, no final da tarde, decidiu voltar e pedir perdão aos seus pais e contar tudo o que estava acontecendo.

E assim fez. Ao anoitecer, na casa de Lucy e Paulo, a campainha tocou, todos estavam à mesa para o jantar. Paulo se levantou, foi até a porta e se deparou com um moço sujo. Paulo não reconheceu seu filho e perguntou:

— Em que posso ajudá-lo, jovem?

E o jovem disse:

— Não me reconhece mais? Sou eu, Samuel.

Paulo se aproximou mais e viu que realmente era o seu filho. Imediatamente gritou:

— Lucy, venha cá, o Samuel voltou!

E o abraçou. Lucy e Mirian correram e, ao se aproximar, abraçam-no também. Samuel pediu perdão abraçado aos pais, que o conduziram para dentro de casa e ofereceram um banho e comida. Ele queria contar o que estava acontecendo, mas seus pais pediram que descansasse, que no dia seguinte conversariam. Samuel quase não dormiu, passou aquela noite pensativo. *Como vou contar tudo o que está se passando*?

O espírito de Rodolfo e seus comparsas estavam furiosos com o espírito de Willian por ter levado Samuel para casa. Rodolfo nada podia fazer contra Willian, que trazia consigo energias supremas de Julian. Ela estava muito feliz com o trabalho do irmão, pois Samuel estava sendo alvo de vingança de Rodolfo.

No dia seguinte, ao término de seus afazeres, Paulo, Lucy e Mirian reuniram-se para ouvir Samuel. Muito nervoso, o jovem contou tudo o que estava se passando com ele, sem esconder nada. Seus pais ficaram muito preocupados, pois não sabiam que a situação era tão grave. Paulo começou a pensar em como resolver o problema do filho.

Samuel se sentiu comtemplado com o recebimento de seus pais, pois já não sentia o direito de voltar para casa.

Paulo e Lucy passaram a noite preocupados em como ajudar o filho. No dia seguinte, os dois saíram para o trabalho e recomendaram que Samuel ficasse em casa.

Na empresa, Lucy e Paulo pensavam em como resolver tal situação. Miriam e Samuel ficaram em casa.

Após o almoço, Mirian se despediu de Samuel e disse que precisaria sair, mas não demoraria. O rapaz, sozinho, começou a se sentir ansioso. Samuel tentou lutar contra sua ansiedade, mas pouco depois visualizou uma garrafa de vodca de seu pai. Tentou resistir, mas o desejo era tanto que acabou por tomar uma dose; após a primeira dose, se descontrolou e continuou a beber até o último gole. Naquele momento, o espírito de Rodolfo, que observava, se aproximou de Samuel emanando desejo pelas drogas.

Samuel, numa crise de abstinência, saiu pelas ruas à procura de drogas. Levava apenas a sobra dos trocados que Mirian havia deixado na copa ao comprar o pão pela manhã. Após algumas horas, Mirian voltou para casa e não encontrou Samuel. Desesperada ao ver a garrafa vazia, sem saber o que fazer, então ligou para os seus pais, que saíram do trabalho e correram para casa. Eles saíram em busca de Samuel pelas ruas da cidade, Lucy e Mirian por um lado e Paulo por outro. Passaram a tarde toda à procura do filho.

Ao cair da noite, voltaram para a casa desolados e passaram a noite em claro, à espera de que o filho retornasse.

Samuel foi levado pela intuição de Rodolfo a um ponto de drogas. Ao chegar, comprou o entorpecente, pagou e saiu satisfeito. Usou tudo o que conseguiu com os poucos trocados, o suficiente para deixá-lo caído na sarjeta.

Lucy, em seu trabalho durante o dia, buscava por vaga para o filho através das redes sociais. Entrou em contato com a clínica espírita e falou com o responsável da casa, que disse:

— Lucy, vai abrir uma vaga no próximo mês.

Fez a reserva para o filho, mas sabia que a espera seria longa.

No dia seguinte, após o sumiço de Samuel, Lucy e Paulo desmarcaram os seus compromissos e saíram novamente em busca do filho pelas ruas.

Samuel já se encontrava lúcido e envergonhado do que fizera. Passou o dia a pensar se voltava ou não para casa. Willian não podia interferir no livre-arbítrio de Samuel, pois, quando decidiu tomar a primeira dose, o jovem estava sóbrio.

Naquele momento, Willian buscava intuir Lucy a encontrar o filho. Ao cair da tarde, ao voltar para casa, após desistir de encontrá-lo, pois já passara o dia todo à procura, desanimada e a alguns quarteirões da sua casa, eis que Lucy viu Samuel, sentado em uma praça, desolado. Mal acreditando no que os seus olhos viam, ela se aproximou, parou o carro, correu e abraçou o filho. Samuel se sentiu envergonhado, sem saber o que fazer, e pediu desculpas para a mãe.

— Não mereço a família que tenho. Vá embora, me deixe aqui.

Lucy o abraçou novamente e disse:

— Não, filho, vamos te ajudar, venha comigo.

Samuel resistia, com medo de decepcionar a mãe novamente. Lucy ligou para Paulo e disse que encontrou o filho. O marido correu para o local onde os dois estavam e convenceu o filho a voltar para casa.

Mirian estava em casa, ansiosa pela volta dos pais, pois se sentia culpada de ter deixado Samuel sozinho. Minutos depois, Paulo, Lucy e Samuel, chegam em sua residência. Mirian, ao ver o irmão, correu e abraçou-o, prometendo nunca mais deixa-lo sozinho.

Samuel pediu desculpas a Mirian e disse que somente ele era culpado da situação. Daquele dia em diante, Paulo não deixou mais nenhum tipo de bebida em sua casa. Mirian passou a fazer companhia para o irmão, tentando distraí-lo para que Samuel se sentisse mais seguro. Os dias se passaram e chegara a hora de Samuel despedir-se de sua família e ir para a clínica em busca de ajuda para se livrar das drogas e do álcool. Lucy e Paulo sentiram que o seu dever estava se cumprindo e seu filho ficaria bem.

De outro lado, Juvenal encontrou-se com Billy e quis saber onde Samuel estava escondido, pois não lhe pagara o que devia. Billy disse que não sabia do amigo, fazia tempo que não o via. Juvenal disse:

— Vou procurá-lo até encontrar! Se não me pagar, morre!

O traficante saiu à procura por Samuel por toda a cidade, inicialmente sem resultado.

Juvenal, furioso, passou a procurar pela família de Samuel. Chegou até Billy e perguntou se ele conhecia o endereço em que Samuel residia antes de morar nas ruas. Queria encontrar a família para cobrar a dívida.

— Não posso ajudá-lo. Conheci Samuel já nas ruas, só me lembro que, de vez em quando, uma senhora bem elegante vinha à procura de Samuel, dizendo ser sua mãe, mas ele não lhe dava importância.

— Sabe me dizer se ela ainda o procura? — Juvenal retrucou.

— Não sei, nunca mais a vi.

— Pois de hoje em diante você trabalha para mim. Vai ficar de olhos bem abertos e, se ver essa dona por aí de novo, anote a placa do carro dela e me avise. Vamos descobrir onde ela mora.

E assim fez desse dia em diante. Billy passou a prestar atenção se Lucy passava naquelas redondezas. Todos os dias, pela manhã e ao final na tarde, Billy ficava na praça, atento, em busca de descobrir alguma coisa para Juvenal. Os dias foram se passando e nada de Lucy passar por aquele lugar, pois seu trajeto sempre fora pela Avenida Central.

Numa certa tarde, após três meses que Samuel havia sido internado na clínica, onde se encontrava muito bem, Lucy precisou desviar seu caminho para pegar Mirian na casa de uma amiga, com a qual estudava junto. Ao voltar para casa, para escapar do trânsito, eis que Lucy deu a volta na praça para cortar caminho. Billy, sentado em um dos bancos da praça, olhou em direção do carro de Lucy e o reconheceu. Mais que depressa anotou a placa, modelo e cor do carro e, satisfeito com seu trabalho, correu até Juvenal e lhe entregou o que conseguira.

O traficante, satisfeito e intuído pelo espírito de Rodolfo, passou a monitorar o trajeto de Lucy, que, frequentemente, passava pela praça para buscar a filha que visitava a casa da amiga ali por perto. Billy foi obtendo as informações e passando para Juvenal, que estava a tramar um sequestro para tirar de Lucy muito mais do que Samuel lhe devia, pois estava possesso por ter sido feito de bobo. A família do devedor iria pagar por isso. Lucy se encontrava numa fase boa de sua vida. Samuel se recuperava bem na clínica. Lucy, Mirian e Paulo, todos estavam muito bem, porém sempre cansados, e arrumavam desculpas para não frequentarem mais o centro espírita. Sempre que as coisas iam bem, Lucy deixava Deus de lado.

XIV

No Livro de Mateus, capítulo 4, versículo 4, Jesus disse *Nem só de pão viverá o homem, mas de toda palavra que procede da boca de Deus*. O Evangelho no lar é de extrema importância para nossa família, pois, uma vez que tudo vai bem, nos esquecemos de fortalecer nosso espírito nas orações. E assim ocorre com todas as pessoas; lembramos que, para ter um espírito forte, é preciso orar e vigiar, mas como seres ignorantes que somos, só buscamos Deus nas horas mais difíceis. E, mesmo assim, o Senhor, em sua misericórdia, está sempre disposto a nos proteger; mesmo que façamos mau uso de nosso livre-arbítrio, a espiritualidade não desiste, basta chamarmos pelo Pai que está no céu e os bons espíritos vêm ao nosso encontro para nos proteger de espíritos trevosos, que vivem na sede de vingança pelo mal que lhes causamos em vidas passadas, há milhares de anos. É preciso perdoarmos e pedirmos perdão, assim podemos ter nosso encontro com Deus Todo-Poderoso. E assim seremos uma só nação, em um só reino comandado pelo nosso senhor Jesus Cristo. Estamos trabalhando para nos livrar das trevas, da escuridão, e viver num paraíso onde só existe paz e amor. Todos serão anjos celestiais na morada do Senhor.

Lucy contou a sua história para que possamos refletir em busca da melhora espiritual de cada um de nós. Lucy relatou tudo, desde suas primeiras encarnações, para aprendermos como se percorre o ciclo da vida. Qual é a importância de nossos mensageiros ocultos? Vamos ouvir mais, prestar mais atenção. Há mensagens por todos os lados tentando abrir os nossos olhos. Não faça como as cinco virgens imprudentes que deixaram de levar azeite à parte em seus recipientes para manter suas velas acesas. Tudo está no Livro de Mateus, capítulo 25, versículos de 1 a 13. Tudo que está nas Escrituras está se cumprindo.

A Bíblia é o livro mais prudente de nossa história, embora seja de difícil interpretação. Mas Jesus, generoso que é, nos enviou o *Evangelho Segundo o Espiritismo* como acesso a uma frequência de mais rápido entendimento, para que possamos impelir em nossos corações e nossas mentes para um processo mais rápido em nossas reencarnações. Todos os livros espíritas dos dias de hoje vêm trazendo revelações, inclusive do outro lado da vida, para que amoleçam nossos corações para a transformação terrena. *Bem-aventurados os humildes, pois eles herdarão a terra*. Assim disse Jesus no Livro de Mateus, capítulo 5, versículo 5.

XV

Juvenal estava com todo o esquema pronto para o sequestro. Sua vítima seria Mirian, filha de Lucy. Na praça, Billy ficou a observar tudo o que estava acontecendo. Ao ver que Lucy passou por ali para pegar Mirian, Billy correu e avisou o chefe. Juvenal e seus comparsas seguiram para a praça à espera de Lucy. Era começo da noite, e eis que na curva surgiu o carro de Lucy com Mirian, estavam tranquilas e descontraídas. Mal sabiam o que estava prestes a lhes acontecer.

Uma noite antes, Lucy havia tido um sonho muito estranho e contara a Paulo o que havia sonhado. Ela começou a relatar:

— Sonhei com Mirian em apuros, e no sonho aparecia Willian, dizendo *Não se preocupe, cuidarei dela.* Fiquei impressiona com esse sonho.

— Não se preocupe, não há de ser nada, Lucy, fique tranquila. Tudo está correndo muito bem com todos nós — disse Paulo, acalmando sua esposa.

Assim que Juvenal avistou o carro de Lucy, deu ordem aos seus comparsas que cercassem toda a praça para abordá-la. Lucy, ao entrar na rua da praça, se desesperou com os bandidos à sua frente. *Não há o que fazer*, Lucy comentou com a filha. *É um assalto*.

Juvenal se aproximou do carro e disse:

— Mãos à vista.

— Tudo bem, pode levar tudo o que quiser. Mas quem é você?

— Que ótimo que está colaborando, Lucy! Meu nome é Juvenal, mas aqui quem faz as perguntas sou eu. Onde está Samuel?

Mirian e Lucy entreolharam.

— Samuel foi embora de casa, nunca mais o vi — disse Lucy, trêmula.

— Está me fazendo de otário, madame? Sei que você vivia a procura de Samuel — disse Juvenal, exaltado.

— Sim, procurei-o por toda a parte para que voltasse para a casa. Mas ele não quis. Ultimamente não tenho o visto, já faz uns três meses — disse Lucy, não querendo entregar o filho.

— Madame, a parada é a seguinte. Samuel acha que pode me fazer de otário. Está me devendo uma parada aí. E a madame vai me pagar.

— Eu pago, é só me dizer quanto é —Lucy disse pegando a carteira.

Juvenal apontou a arma na cabeça de Lucy e disse:

— Vai parando aí, comigo as coisas não funcionam assim, não. Samuel ia me pagar com a vida, mas, já que sumiu, deu área, vou ficar com a dondoquinha aí — disse enquanto apontava para Mirian.

Lucy, desesperada, tentou acalmar o bandido, dizendo:

— Eu lhe pago o que quiser. Mas deixe minha filha, por favor! Não a mate, pelo amor de Deus!

— A madame acredita em Deus, não é? Consegue rezar? Vamos ver se esse aí te ajuda — disse Juvenal, com um tom de deboche e arrastando Mirian para fora do carro.

Mirian e Lucy se despediram e caíram aos prantos. Juvenal se dirigiu a Lucy dizendo:

— Agora dá área, vá, vá, vá, suma daqui!

— Não, me leve com minha filha, Juvenal, por favor!

— Suma, madame!

Lucy tentou resistir, mas, ao sair do automóvel, Juvenal a empurrou para dentro do carro, com a arma em punho sobre a cabeça dela e disse:

— Saia daqui agora mesmo! Ou quer morrer?

Ela ligou o carro e deu partida, enquanto Juvenal disse:

— Entrarei em contato.

Lucy saiu com o coração partido em deixar Mirian para trás. Juvenal e seus comparsas levaram Mirian para um cativeiro. Lucy, ao chegar em casa aos prantos, contou o que estava acontecendo com Mirian para Paulo, que entra em choque e quer chamar a polícia. Lucy disse:

— Não, Paulo, se envolver a polícia vão matá-la. Eles disseram que vão entrar em contato conosco.

Paulo, mesmo chocado, tentou acalmar Lucy e disse:

— Então, neste momento, o que temos a fazer é nos acalmarmos e esperar que entrem em contato conosco. Lucy, vão querer muito dinheiro para libertar Miriam e não temos tudo o que vão exigir, mas vamos esperar, vou dar um jeito. Acalme-se para que possamos pensar em alguma coisa nesta noite.

Lucy mesmo chorosa, tentou se acalmar se aconchegando ao peito de Paulo.

Naquela noite, ambos não conseguiram dormir, pensando no que poderiam fazer para ter Mirian de volta e à espera de que o telefone tocasse. Passaram-se dois dias de angústia e tristeza, na espera por notícias. Mais uma vez Lucy perdera sua fé e, entre angustia e revolta, começara a afrontar Deus. Por que em toda a sua vida só havia dores e sofrimento? Daquela vez, ela sequer queria ouvir falar de Deus, pois estava profundamente decepcionada com o Pai.

O telefone tocou. Paulo atendeu e Juvenal passou o valor que queria para libertar Mirian. Paulo ficou assustado com a quantia, pois não havia meios para conseguir tamanho valor em tão pouco tempo. Ele perguntou por Mirian, e Juvenal a pôs na linha, mas Lucy, em meio ao desespero, tomou o telefone das mãos do marido e falou com a filha, ambas em meio a lágrimas. Mirian pediu à mãe, pelo amor de Deus, que não a deixasse morrer. Juvenal então tirou o telefone das mãos de Mirian e desligou.

Amedrontada, Miriam ficou a soluçar. Do outro lado, Lucy, em desespero, perguntou para o marido qual era o valor que Juvenal queria para libertar a filha. Paulo informou o valor do resgate que Juvenal exigia pela libertação de Mirian. Lucy não via saída e disse:

— Vou matá-los um a um e pegar minha filha de volta!

— Calma, Lucy. Creia em Deus. Vou tentar empréstimos em algum banco.

— Não temos crédito para todo este dinheiro, mesmo que vendêssemos nossa casa e os carros não daria para negociar, eles querem a vida de um de nossos filhos. Se não entregarmos Samuel, vão matar Mirian!

— Lucy, veja o que está a dizer. Samuel também é nosso filho, sei que ele errou e que Mirian não tem nada a haver com isto, mas trocar um pelo outro não é a solução.

Lucy, calada, tramava como tirar Mirian das mãos de Juvenal. Enquanto isso, Paulo correu de banco em banco em busca de empréstimo para pagar o resgate de Miriam. Não conseguiu o valor, então resolveu penhorar a casa por uma soma em dinheiro, que não era o suficiente. O tempo que Juvenal estipulou estava se esgotando e ainda faltava muito dinheiro. Paulo resolveu vender os carros e conseguiu mais um pouco, mas ainda não somava o valor estipulado pelo sequestrador. Paulo já não sabia o que fazer para conseguir o restante do dinheiro.

Acabado o prazo que havia dado, Juvenal voltou a ligar e falou com Paulo. Ele disse o quanto conseguira e que não tinha como arrumar o restante do valor, pois já se desfizera de tudo que possuía, e implorou por um acordo. Naquele momento, o espírito de Rodolfo se aproximou de Juvenal e entrou em sua mente, induzindo-o a dizer que o único acordo é que entreguem Samuel, e Paulo disse:

— Não, não sei onde encontrar Samuel!

— Você sabe, eu sei que você sabe. Esse é o acordo: entregue Samuel ou todo o dinheiro que eu pedi.

Diante de tal circunstância, Paulo pediu mais um tempo a Juvenal, que lhe deu 24 horas e disse que queria o dinheiro em suas mãos ou a menina morreria.

Mirian estava acorrentada em um porão em enorme sofrimento, pedindo a Deus que a ajudasse a sair daquela situação viva. Willian, que estava sempre por perto, se aproximou, mas não conseguiu fazer muito pela filha, a não ser acalmá-la e pô-la para dormir. Mirian, ao adormecer, viu o espírito do pai ao seu lado e, ao acordar, se sentiu mais tranquila.

Lucy procurava de alguma forma descobrir para onde levaram Mirian. Imaginava por onde começar a procura e se lembrou de quando Samuel ficava na praça. Sempre havia um amigo junto com Samuel. Lembrou-se de Billy.

Começou a procurar por Billy por toda praça até encontrá-lo, e lhe fez uma proposta: que conseguisse informação sobre o local do cativeiro em que os bandidos esconderam Mirian. Se encontrasse as informações de que ela precisava, Billy receberia uma quantia em dinheiro. O jovem mais que depressa aceitou a proposta e começou a se infiltrar junto aos bandidos que sequestraram Mirian, em busca de informação. Bem antes de se encerrar o prazo que Juvenal estipulou, de vinte e quatro horas, Billy conseguiu descobrir onde Mirian se encontrava e passou a informação para Lucy. Foi então que, no desespero, Lucy resolveu ir em busca da filha.

Contratou dois homens para ajudá-la a invadir o cativeiro e resgatar Mirian. Também pegou uma arma que Paulo possuía em casa e saiu com os dois companheiros armados em busca da filha no cativeiro. Ao chegar lá, encontraram dois capangas fortemente armados guardando Mirian. Lucy e seus homens se aproximaram cuidadosamente para não ser vistos, mas os bandidos ouviram um barulho. Um deles saiu e olhou em volta. Lucy e seus homens se esconderam. O capanga procurou, mas nada viu a não ser os passarinhos por ali. Voltou e disse ao seu companheiro que estava tudo bem, e saiu do recinto, dizendo que ia ao banheiro, e depois disso checaria a refém. Assim que o capanga entrou ao banheiro, Lucy e seus homens se aproximaram por trás do cativeiro e renderam o bandido na entrada da casa. Lucy pediu que o amarrassem, e os três entraram na casa; um ficou à porta da entrada e o outro junto à porta do banheiro, pois percebeu que havia alguém lá. Lucy desceu as escadas que davam no porão e encontrou a filha acorrentada a uma mesa presa no chão. Buscou por algo que pudesse romper a corrente e encontrou um machado. Pediu que a filha se afastasse um pouco da mesa, deixando a corrente livre para que ela possa atacá-la. Lucy deu vários golpes até que a corrente começasse a se romper.

No banheiro, o capanga de Juvenal ouviu pancadas estranhas que vinham do porão. Apressou-se e saiu do banheiro já com seu revólver engatilhado. Ao abrir a porta, o homem mais próximo teve sua passagem obstruída; o capanga só tinha a visão daquele que estava do lado de fora, e disparou contra o homem que guardava a porta de entrada. Lucy, no galpão, se assustou e deu um golpe mais forte, que, por sorte, rompeu de vez a corrente.

O espírito de Willian estava acompanhando tudo e sabia que o pior iria acontecer. Tentou intuir Lucy a fugir por uma outra saída, por uma janela pequena que ficava no fundo do porão, mas ela, furiosa e amedrontada, não deu abertura para a influência do espírito e seguiu seus próprios intuitos. Pegou Mirian pela mão e foi em direção à escada. Começou a subir bem devagar, com a arma em punho. Soltou a mão de Mirian, engatilhou a arma e foi subindo. Ao chegar na saída do porão, constatou que um de seus homens estava caído e o outro matara o capanga que atingiu o seu colega. Lucy se sentiu mais tranquila e pediu ao outro que verificasse seu companheiro, se estava vivo. Ao constatar que estava morto, o homem disse:

— Lucy, sinto muito, mas o que temos a fazer agora é sair daqui o mais rápido possível.

Lucy saiu com os dois, Mirian e seu comparsa, para o carro que estava um pouco distante dali. Dentro do automóvel, saíram rapidamente ao pegar a estrada. Lucy teve uma leve intuição de que algo poderia dar errado. Não deu a menor importância e seguiu em frente.

Logo à frente se depararam com Juvenal, que vinha em sua direção. Lucy se desesperou e tentou desviar, mas o traficante obstruiu seu caminho. Ela pediu que Mirian se abaixasse, no desespero, sem noção do que poderia vir a acontecer. Lucy e o homem contratado começaram a trocar tiros com Juvenal e seus comparsas. Um dos bandidos levou um tiro no peito, disparado por Lucy, e caiu morto. A fúria de Juvenal só aumentou, e ele começou a disparar tiros sem parar contra Lucy, atingindo-a com duas balas. Ela caiu e fingiu-se de morta.

Juvenal foi em direção ao carro para pegar Mirian. O homem que a protegia saiu de dentro do carro e se escondeu. Ao ver o traficante vindo em sua direção, começou a atirar e saiu correndo em meio ao matagal. Juvenal não se deu conta de que disparara a última bala de seu revólver. Mirian, amedrontada, em desespero dentro do carro, sem saber o que fazer, abriu a porta do veículo e tentou correr, mas Juvenal foi mais rápido e a pegou pelo braço com violência. A jovem gritou por socorro. Lucy, que ainda se encontrava com vida, pegou a arma que estava em seu lado e disparou um tiro contra Juvenal, pelas costas. Ele caiu e morreu logo em seguida.

Mirian correu em direção à mãe, pegou o celular e ligou para Paulo. Relatou-lhe o que aconteceu e pediu ajuda. O padrasto ligou para a polícia e pediu que as socorressem com urgência. Correu para o local onde se encontravam Mirian e Lucy. A emergência chegou logo em seguida e encaminhou Lucy ao hospital. Seu estado de saúde era muito grave; ela foi operada e não reagiu à cirurgia, sendo levada à terapia intensiva. Horas após a operação, Lucy entrou em coma.

XVI

Foram dias terríveis para a família de Paulo, Mirian, Jackson e Elisabeth. A espera pela volta de Lucy era angustiante. No estado de coma, seu espírito saiu do corpo, e logo ao lado de sua cama estava Willian, que a levou até o plano espiritual. Lá, foi revelado para Lucy tudo que combinaria fazer naquela reencarnação e onde falhara. O espírito de Lucy se encontrava em angústia ao perceber que fizera tudo errado. Em desespero, pediu a Willian que não a deixasse desencarnar sem cumprir tudo o que prometera. Willian disse a Lucy que não pode fazer mais nada, mas a levaria a um superior.

Willian levou-a até Julian. Lucy quase não conseguiu fixar seus olhos em seu espírito, pois ela transformara-se em luz. Sem conseguir encarar

Julian, Lucy abaixou a cabeça e ouviu o que Julian tinha a dizer.

— Lucy, todos nós, ao reencarnarmos, levamos conosco uma missão, que devemos cumprir no tempo determinado por Deus. Antes de reencarnarmos, escolhemos nossas provas para cumprir da melhor forma, de acordo com a nossa escolha. Cabe a cada espírito o caminho a seguir.

Lucy, de cabeça baixa, implorou por uma nova chance ainda naquela encarnação. Julian respondeu:

— Não sou eu quem decide algo desta existência. Só o Pai, que está nos céus, pode intervir. No momento, sigo ordens superiores.

E pediu a Willian que levasse Lucy para falar com Rodolfo e resolvesse suas pendências espirituais. A conversa levou a pungentes escolhas para ambos. Julian, então, disse:

— Por hoje é só, continuaremos após o Pai celestial avaliar o seu encontro com Rodolfo.

Julian reforçou as energias celestiais em direção a Willian para que promovesse o encontro entre Lucy e Rodolfo. Para que nada pudesse atingi-lo, Willian saiu energizado de luz para levar a esposa até o seu assassino. Foram consigo também outros trabalhadores de luz do plano espiritual, para a proteção de Lucy. Willian levou-a Lucy até a camada de baixa esfera mais próxima do vale das sombras, onde Rodolfo se encontrava. Willian e sua equipe de trabalhadores dirigiram-se até a encosta do vale das sombras e avistaram quem procuravam. Ele se aproximou e deu a ordem que Rodolfo o acompanhasse. O espírito maligno tentou recuar, mas a energia que Willian trazia consigo era expansiva e resgatou Rodolfo em instantes, impulsionando-o para cima e colocando-o em uma sala onde Lucy já o esperava para resolver a tais desavenças.

Lucy ainda não sabia, mas aquela era a única chance que tinha para voltar ao corpo e impedir o seu desencarne. Teria que fazer com que Rodolfo a perdoasse e aceitasse reencarnar, uma nova tentativa de evolução espiritual. Era um trabalho duro e decisivo para Lucy, e ela não podia falhar em sua missão; caso contrário, desencarnaria e iria para o vale das sombras junto a Rodolfo, até entenderem que a reencarnação era a única saída, pois Jesus disse *Em verdade, em verdade te digo, quem não renascer da água e do espírito não poderá entrar no reino de Deus. O que nasceu da carne é carne, o que nasceu do espírito é espírito. Não te maravilhes com o que eu tenha dito, necessário vos é nascer de novo.*

O vento sopra para onde quer, ouve-se-lhe o ruído, mas não se sabe de onde vem, e nem para onde vai. Assim acontece com aquele que nasce do espírito, conforme o Livro de João, capítulo 3, versículos de 5 a 8.

Os espíritos de Lucy e Rodolfo ficaram frente a frente, e Rodolfo sentia ódio ao vê-la. Começou a esbravejar por ter sido levado pela ambição, que Lucy se dera bem e só ele estava a pagar pelos erros de ambos. Ela tentou dialogar, mas Rodolfo estava irredutível.

Lucy conversava com Rodolfo sempre que havia uma oportunidade. Ele, sabendo que Lucy estava sempre por perto, buscava maneiras para lhe causar mal. Rodolfo pensava que Lucy tinha desencarnado e continuava em um lugar acima dele; não sabia que ela ainda estava ligada ao corpo e, se soubesse, sua vingança se tornaria bem mais fácil.

Lucy continuou tentando convencer Rodolfo a aceitar o perdão e uma nova chance de nascer de novo. Ele não entendia como poderia nascer de novo se já morrera, e Lucy explicou, mostrando a passagem do Livro de João, capítulo 3, versículos 5 ao 8. Rodolfo começou a abrandar seu coração, mas ainda resistia, dizendo que a mulher queria enganá-lo. Ele pensou e fez uma proposta a Lucy.

— Lucy, se isso é mesmo possível, quero que venha comigo para renascermos juntos.

Ele só fizera esta proposta porque desconfiava de que Lucy só queria se livrar dele, vê-lo longe dali, fazer com que seu espírito desaparecesse. O que não esperava era que Lucy imediatamente aceitasse a sua proposta. Ela ainda não sabia como poderia viabilizar tal acordo se ainda se encontrava com o seu corpo à sua espera, mas Lucy estava sendo intuída por Willian para dizer as palavras certas.

No planeta Terra, Lucy já se encontrava há 6 meses em coma, pois o tempo, no plano espiritual, é contado de forma diferente. O tempo é diferente, lá só há luz e trevas; aqui, em nosso planeta, é contado dia após dia, incluindo as noites. No plano espiritual não há dia e nem noite, tudo é de acordo com o estado em que o espírito se encontra. Os espíritos das trevas só veem por todo lado a escuridão. Os espíritos mais elevados se transformam em luz, e a claridade é constante por toda a parte. Irmãos que se arrependem e aceitam a chance de nascer de novo são resgatados pelos espíritos santificados e são levados a um processo de limpeza espiritual. Como disse o Cristo: *Quem vem da carne é carne!*

O espírito sobrevive após perder a matéria e pode nascer de novo em um novo corpo. A humanidade, ao longo da sua existência, desenvolveu uma relação de intimidade com o sobrenatural, exteriorizada no culto a Deus, em observação aos princípios bíblicos, ou no culto às mais diversas divindades originais no paganismo e nas religiões que se distanciam de praticar regras e normas apresentadas na Bíblia.

Para a família de Lucy já não havia mais esperança de que ela sobreviveria. Todos estavam desolados, pois já havia seis meses que Lucy estava em coma e Mirian sofreu muito por ver a sua mãe naquela situação. Pedira a Deus que não a levasse, que a trouxesse de volta. Toda a família passou por dias terríveis.

No plano espiritual, Rodolfo não voltou mais às masmorras depois que Lucy o convenceu a reencarnar. Foi para o processo seletivo da limpeza do espírito reencarnatório. Lucy prometera ir junto com ele e não havia outra forma de Rodolfo reencarnar a não ser na família de Lucy. Como ela ainda não desencarnou e Rodolfo já estava em preparação para voltar ao planeta Terra, ele viria como seu neto. A missão de Lucy durante o coma estava cumprida e era chegada a hora de voltar para o seu corpo. Lucy recebeu instruções de ordens espirituais de que já podia retornar, mas que fizesse por merecer a nova chance, que fizesse melhor desta vez. Lucy agradeceu, feliz, e garantiu melhorar-se.

Em um sábado ensolarado, a família de Lucy foi chamada ao hospital e recebeu a notícia de que Lucy saíra do coma. Todos se abraçaram com muita alegria e foram vê-la. Dias depois, Lucy recebeu alta e voltou para a casa. Passados alguns meses, ela estava completamente recuperada e todos retomaram à vida normal, agradecidos por Lucy estar de volta à vida. A família voltou a frequentar o centro espírita e a trabalhar nas obras da caridade. Lucy, após a provação de quase morte, mesmo sem se lembrar do que ocorreu no plano espiritual enquanto esteve em coma, passou a se dedicar mais à vida espiritual e ao próximo, junto de sua família.

Naquela época, Mirian conheceu um moço de nome Marcos, um bom rapaz, e, três anos após se conhecerem, os dois se casaram e três meses depois Mirian estava grávida. Nasceu um menino, porém faltavam-lhe os braços de seu corpinho. Mirian e Marcos o recebem mesmo assim com muito amor, mas, com a chegada do filho, os dois precisavam trabalhar e tiveram dificuldade de encontrar alguém para tomar conta do pequeno Michael, que era totalmente dependente. Lucy já estava aposentada, mas ainda trabalhava. Naquela altura, tomou a decisão de parar de trabalhar para dedicar todo o seu tempo a cuidar do neto Michael, que era a reencarnação do espírito de Rodolfo, como combinaram entre si no plano espiritual. Juntos iriam reparar seus erros do passado. Michael, por possuir seu livre-arbítrio, propôs reencarnar com uma deficiência exatamente para que houvesse uma reaproximação maior entre ele e Lucy.

XVII

É possível um espírito, ao desencarnar na Terra, voltar ainda na mesma existência?

Sim, quando o espírito tenha desencarnado antes de cumprir seus débitos junto a outro que se encontra no mesmo estado de dívida, e um dos espíritos já esteja cumprindo sua última reencarnação no planeta Terra, pois não haverá outra chance de reaproximação entre os dois, dado que, um estando mais elevado que o outro, chegará o momento em que será necessária a separação destes espíritos. Lucy já estava em sua última reencarnação sobre a Terra, pois teve uma vida milenar sobre este planeta mesmo tendo cometido alguns erros. Lucy cumprirá seu tempo terrestre e, quando desencarnar, irá para outro planeta um pouco mais elevado, pois, entre erros e acertos, conseguiu perdoar e ser perdoada. Lucy, Julian e Willian deixam para nós um exemplo de como se percorre a vida entre os planetas, as moradas do Pai, e cabe a cada um de nós tomar esta linda história como exemplo e pô-la em prática em nossas vidas da melhor maneira.

Adquirimos dentro deste ensinamento uma forma prática e aberta para que todos possamos compreender que nossa existência no planeta Terra tem tempo e hora. É chegado o tempo de acelerarmos a evolução dos nossos espíritos; da hora marcada por Deus não passaremos, nenhum minuto a mais. Se nossas provas já estiverem cumpridas, iremos para mundos melhores; caso contrário, vamos para mundos inferiores ao planeta Terra.

O que acontece quando não passamos de ano na escola? Continuamos na mesma série, certo? Até quando vamos manter em recesso nossos espíritos? Deus nos propõe a disposição para o uso de nossa evolução. O que fazemos com as vantagens que Ele nos propõe? Usamos para o mal? Para brincarmos? Para passar o tempo? A tecnologia foi criada e hoje está à disposição de todos, até os mais pobres têm acesso a estas facilidades do aprimoramento da evolução dos mundos. Há pouco tempo, o povo não tinha a tecnologia de hoje e, no entanto, havia muito mais comunicação entre os familiares.

Hoje, com tanta facilidade de que dispõem todos para se aprimorar, tudo está sendo usado de maneira oposta aos desejos de Deus. O que vemos hoje é cada um por si, não vemos mais as famílias unidas como antes. E, nas redes sociais, só anúncios de desgraças por meio da comunicação de livre acesso. De que adianta trabalharmos tanto no plano espiritual e em mundos superiores para ajudar no desenvolvimento dos mundos se não há inteligência voltada para o amor? Há tanto o que fazer, entre redes sociais, para abrir os olhos do povo do mundo. Como a natureza vem se rebelando contra os homens, que a destroem dia após dia. Essa é a forma de mostrarmos a revelação de Apocalipse. Não como tragédias, mas como a revelação de uma nova era que se aproxima, e tenham cuidado aqueles que mantêm sua luz apagada!

Vamos acender nossa luz enquanto há tempo. É preciso acreditar em um só Deus, o Deus único e perfeito de todos os tempos e de todos os povos desde que o mundo é mundo. Para Deus, não há placas religiosas e sim povos cristãos. Deus não deixou um nome a seguir, Ele deixou Seu nome a propagar para que todos o seguissem. Ninguém chega ao Pai senão através de seu Filho amado, Jesus Cristo. Os ensinamentos de Jesus estão por toda a parte, só não vê quem não quer, só não ouve que não quer ouvir. Deus não faz nenhuma restrição a seus filhos, os filhos é que restringem ao Pai. É chegada a hora da regeneração da Terra, pois foi prometido desde o começo dos tempos que só os justos herdarão a Terra e, uma vez que a palavra foi propagada, nada nem ninguém pode mudá-la.

Assim são as leis divinas: se cada um de nós orar o Pai Nosso de coração aberto, propagando a verdade que essa oração ensina, não é preciso mais nada para entrarmos no reino dos céus. Só isso basta, e não é à toa que Jesus deixou essa simples oração, para vivenciar e não para decorar como faz a maioria de nós. E Moisés nos deixou os Dez Mandamentos para facilitar nossos entendimentos, quando bastavam apenas dois: amar a Deus sobre todas as coisas e o amar ao próximo como a si mesmo. Ainda assim, Deus especificou mais oito mandamentos, para que entendêssemos e não caíssemos em tentação.

Todos querem o reino dos céus, mas poucos conseguem seguir e vivenciar os seus ensinamentos. A justiça divina é qualidade do que está direito na maneira certa de avaliar melhor o que é justo e tornar-se limpo e purificado. Eticamente puro significa pensar na conduta escolhida por Deus, é aquele que segue fielmente os ensinamentos de Jesus Cristo. É como contrariar pensamentos básicos que costumam orientar os pensamentos humanos. É necessário analisá-los, mas é preciso ensinar e dar o exemplo de nossos próprios atos, intercalando e produzindo um novo ensinamento baseado nas lições do Cristo, com mais clareza para que todos tenham o esclarecimento e se tornem cada vez mais puros de coração, mente e alma e regenerar uma nova conduta aos menos esclarecidos. Essa é a melhor forma que Jesus vem nos ensinando para chegarmos até Deus. Até quando vamos deixar para depois o que podemos resolver hoje, ainda nesta encarnação? Vamos ser solidários uns com os outros, deixar desabrochar, germinar o que há de melhor dentro de nós. Vamos escapar do perigo procurando algo que nos ajude a se aproximar cada vez mais de Deus. Não vamos deixar em segundo lugar a nossa união pessoal com Deus.

No Livro dos Salmos, capítulo 16, versículos 1 e 2, lê-se *Guarda-me, ó Deus, porque em ti confio. A minha alma disse ao Senhor: Tu és o meu Senhor; não tenho outro bem além de ti.* Não há nenhuma felicidade na vida sem Deus, nada vai bem na vida caso falte a presença de Deus e a bênção do Senhor.

Embaixo do céu há uma montanha, que se recolhe. Assim, o sábio que afasta do homem inferior, não com ódio, mas com severidade. Na Teologia Mística, existe uma união pessoal com Deus. No livro de Jacob Boehme, *O príncipe dos filósofos divinos*, o misticismo se define como um tipo de religião que enfatiza o propósito imediato da relação direta e íntima com Deus ou com a espiritualidade, com a consciência divina. Em seu mais depurado e intenso estágio de vida, o indicado que alcançou o segredo é chamado místico. Os antigos cristãos empregavam a palavra contemplação para designar a experiência mística.

XVIII

Alma e espírito. O que esses termos realmente significam?

O que lhe vem à mente quando ouve os termos alma e espírito? Muitos acreditam que essas palavras significam algo invisível e imortal que existe dentro de nós.

Na Bíblia Sagrada, a alma é mencionada mais de oitocentas vezes. A Bíblia foi escrita, em sua maior parte, em grego e hebraico. Os escritores bíblicos utilizaram a palavra hebraica *nefesh* ou a grega *psykhé*. A tradução do Novo Mundo as verte como *alma* quer no texto principal, quer nas notas. Ao examinarmos como as palavras *alma* e *almas* são usadas na Bíblia, fica evidente que, basicamente, se referem a uma pessoa, a um animal ou à vida de uma pessoa ou um animal. Vejamos alguns textos em que que esses três diferentes sentidos ocorrem.

Pessoas: *nos dias de Noé (...) poucas, a saber, oito almas foram levadas a salvo através da água* (1 Pedro 3:20). Aqui, a palavra *almas* claramente se refere a pessoas: Noé e sua esposa, seus filhos e suas esposas. Êxodo 16:16 menciona as instruções dadas aos israelitas a respeito do recolhimento do maná. Foi-lhes dito que o apanhassem segundo o número de pessoas ("almas") que cada um tinha sua tenda, portanto a quantidade de manás que se colhia baseava-se no número de pessoas em cada família.

Disse também Deus: "Encham-se as águas de seres vivos, e voem as aves sobre a terra, sob o firmamento do céu" (Gênesis, 1:20); *E disse Deus: "Produza a terra seres vivos* ["almas"] *de acordo com as suas espécies: rebanhos domésticos, animais selvagens e os demais seres vivos da terra, cada um de acordo com a sua espécie". E assim foi.* (Gênesis, 1:20). Nesses trechos do Livro de Gênesis, peixes, animais domésticos e selvagens são todos englobados na mesma palavra "alma". As aves e outros animais, não. Note-se em Gênesis 9:10: *e com todo ser vivo que está com vocês: as aves, os rebanhos domésticos e os animais selvagens, todos os que saíram da arca com vocês, todos os seres vivos da terra.* Em Ezequiel 18:4,20, a pessoa que morre é chamada simplesmente de alma morta.

A alma que pecar é a que morrerá, portanto em Mateus 10:39 diz-se "*Quem acha a sua vida a per-*

derá, e quem perde a sua vida por minha causa a encontrará." Em Levítico 21:11 "*Não entrará onde houver um cadáver. Não se tornará impuro, nem mesmo por causa do seu pai ou da sua mãe."* Em Salmos 104:29 "*Quando escondes o rosto, entram em pânico; quando lhes retiras o fôlego, morrem e voltam ao pó."* Em Tiago 2:26 "*Assim como o corpo sem espírito está morto, também a fé sem obras está morta."*

O que é espírito?

Vejamos agora o uso bíblico do termo "espírito". Alguns pensam que "espírito" significa o mesmo que "alma", mas não é assim. A Bíblia deixa claro que "espírito" e "alma" se referem a duas coisas diferentes. Em que sentido?

Os escritores bíblicos usaram a palavra hebraica *rafah* ou a palavra grega *pneuma* ao escreverem a respeito do espírito. A próprias Escrituras indica o significado dessas palavras, por exemplo, o texto de Salmos 104:29 *Se lhes tiras o espírito [rafah], morrem e voltam ao pó*. E Tiago 2:26 diz *que o corpo sem espírito [pneuma] está morto*. Nestes versículos, portanto, espírito se refere àquilo que dá vida a um corpo que, sem ele, está morto. De modo que, na Bíblia, a palavra *rafah* é traduzida não apenas por espírito, mas também por força ou força da vida. Por exemplo, Deus disse a respeito do dilúvio nos dias de Noé: *Eis que vou trazer águas sobre a terra, o Dilúvio, para destruir debaixo do céu toda criatura que tem fôlego [rafah] de vida* (Gênesis 6:17); assim, se refere a uma força invisível (a centelha de vida) que mantém a vida de todas as criaturas viventes.

Alma e espírito não são a mesma coisa, o corpo precisa do espírito assim como um rádio para funcionar precisa da eletricidade. Pense em um rádio a pilha, por exemplo: ao colocarmos pilha e ligá-lo, a eletricidade armazenada nas baterias dá vida ao rádio, por assim dizer. Sem as pilhas, o rádio não funciona. O mesmo se dá com um rádio elétrico, quando desligado da tomada. De modo similar, o espírito é a força que dá vida ao nosso corpo. Assim como a eletricidade, o espírito não tem a capacidade de sentir ou de pensar, é uma força impessoal, mas, sem esse espírito, ou força de vida, o nosso corpo morre, volta ao pó, como disse o Salmista. Falando a respeito da morte do homem, Eclesiastes 12:7 diz *o pó* [de seu corpo] *volte à terra, de onde veio, e o espírito volte a Deus, que o deu.* Quando o espírito ou força de vida deixa o corpo, este morre e volta para sua origem – o solo. De modo comparável, a força de vida volta para sua origem – Deus. Ver Jó 34:14;15 e Salmo 36:9. Isso não significa que a força de vida literalmente cruza o espaço em direção ao céu; na verdade, significa que, para quem morre, qualquer esperança de vida futura depende de Jeová. A sua vida está nas mãos de Deus, por assim dizer. Somente pelo Seu poder é possível que o espírito, ou força de vida, seja devolvido à pessoa, de modo que ela viva de novo. Como é consolador saber que é exatamente isso que Deus fará em favor de todos os que descansam nos “túmulos”! João 5:28,29: no dia da ressureição, Jeová fará um novo corpo para a pessoa que dorme na morte e lhe dará vida, colocando nele espírito ou força de vida. Que dia feliz será este.

Sentir-se inferior a outras pessoas, seja em sentido natural, ou complexo de inferioridade, é um problema que pode atrapalhar suas vidas espirituais no desenvolvimento confiante?

Certamente sim, e o normal das pessoas (“alma”) enquanto vivem é quer esconder suas falhas e se esconder após o desencarne. O espírito, ao ver que ainda se encontra vivo, continua a se esconder e passa a renegar que se encontre acordado, por isso dorme. É uma forma de enfrentar a si mesmo e se renega a ficar acordado, é um ato de se negar! Pois, em sua mente, quem morre “dorme”, e o espírito se nega ao convívio entre outros espíritos que estão conciliados no mesmo espaço. Jesus criou seu povo e não se esquece de nenhuma de suas criaturas, por mais que durmam. É chegada a hora de restaurar, amolecer nossos corações e aceitar renascer de novo.

O faminto é afogado de tanta desinformação; tantas direções menos esclarecidas causam cansaço e desilusão antes do desencarne. Mas dormir não é a solução! Dar um passo atrás é senso de justiça, Jesus nos dá nova chance e, se nos posicionarmos e refletirmos com fervor, vamos aceitar e, com o passar do tempo, veremos que todos são parte de um ciclo sem fim. Há causas e efeitos do que é bom e do que é ruim e cabe a nós fazer a nossa própria escolha.

E o que cultuávamos se rasgou e vamos encontrar um novo relacionamento dentro de nós mesmo e manter a observar o sopro do Espírito Santo, minunciosamente, como uma semente em germinação. Deixar vir, se juntar e aglomerar na responsabilidade. Ao longo do tempo, meu espírito encontra-se municiado de sabedorias e ensinamentos que me proporcionam confiança e tranquilidade para enfrentar os momentos mais difíceis da vida. Sempre existirão as leis divinas, é preciso explicá-las da melhor maneira e não se esconder do além-túmulo. É venerar-se o antes e o depois de uma prova a se passar.

É dinamismo e transmissão mística e universal, é como doutrina religiosa que defende a existência de uma única divindade, adoração de um único Deus. É obra com a finalidade de se perpetuar na memória das pessoas, é relevante na história de uma comunidade ou nação, é sobrevivência na memória de alguma coisa significativa, para alguém ou para um grupo social, uma recordação, uma lembrança e etc.

É como algo que se enfeita, que é preparado de uma pedra, pedaço de madeira; é concebida para ficar visível quando colocada no lugar planejado.

É o desvio dos olhos na direção correta, de modo que o indivíduo não consiga dirigir simultaneamente os eixos visuais para o mesmo ponto.

É cena de peça em que o ator só fala consigo mesmo, ou se dirige ao público expressando os seus pensamentos, as lutas inferiores do seu espírito.

É partícula iluminada que salta de um corpo em brasa.

É luz forte que surge do choque entre dois corpos duros ou um corpo eletrizado; por exemplo, o espírito humano, em razão de entendimento eletrizante.

É descarga elétrica entre dois eletrodos mantidos a uma diferença de potencial elevado, em que é presidida a hominização do caminho que será seguido de luz.

Moisés 7:28 ("Pérola de Grande Valor"): *E aconteceu que o Deus do céu olhou o restante do povo e chorou; e Enoque prestou testemunho disso, dizendo: Como é que os céus choram e derramam suas lágrimas como a chuva sobre as montanhas?*

XIX

Abnegação do amor.

Julian, em um ato de amor, decidiu reencarnar com uma doença degenerativa, deixando seus próprios interesses de lado por amor ao próximo. Ensinou-nos o ato de amar desinteressadamente. Julian nos deixou a mensagem de que nem tudo que reluz é luz, nem tudo que brilha é ouro. Passou despercebida pelos desejos da carne em busca de se perpetuar na verdade. Só assim podemos nos tornar perpétuos, buscando os valores espirituais, deixando de lado a ganância pelos bens materiais e dar o devido valor ao que Jesus nos ensinou. Concretizar e dar o seu melhor em busca da paz mundial é o que Deus espera da humanidade. Relatamos neste livro, através de personagens, a veracidade do amor para nos tornarmos eternos anjos da luz.

Como Lucy não acreditava em Deus, para ela pouco importavam suas atitudes em relação aos outros. O que ela pretendia era enriquecer a qualquer custo, nem que para isso tivesse que prejudicar o próximo. Foi o que Lucy sempre fez, mas, como tudo na natureza, teve seu retorno. Até então, Lucy não acreditara que nada pudesse dar erado.

Faltou-lhe a noção de que somos responsáveis pelos nossos atos. Lucy trazia no espírito existências de vidas passadas; assim que reencarnamos, nos esquecemos de tudo que vivemos em outras vidas, mas a existência do espírito permanece. O espírito traz consigo tanto o que fizemos de bom quanto de ruim em vidas passadas, incluindo seu caráter, sendo enganoso ou ilusório. E também impressões sensíveis, tornando-se apto à contemplação de formas eternas e imutáveis da realidade. Lucy, em outras existências passadas, foi um espírito de mais baixo calão; mesmo tendo reencarnado várias vezes em planetas diferentes, ainda trazia consigo essências negativas. Mesmo com o sofrimento, ela continuou a resistir à evolução.

Lucy também passou por uma colônia paralela ao planeta dos seres inteligentes. Uma colônia totalmente neutra. Fez morada por longos anos em espírito em uma colônia onde espíritos que têm dificuldades de evoluir passam por uma temporada apenas para refletir do que já fizeram de mal, para a preparação para uma nova reencarnação. E assim se fez a sua vida até que ela resolveu a aceitar se melhorar, perdoar e pedir perdão para continuar sua existência no planeta Terra até o dia que Deus determinar.